Miscellanea Historiae Pontificiae

edita a Facultate Historiae Ecclesiasticae
in Pontificia Universitate Gregoriana

Vol. III.

(Collectionis n. 4-5)

Miscellanea Historiae Pontificiae

edita a Facultate Historiae Ecclesiasticae
in Pontificia Universitate Gregoriana

Vol. III.

Collectionis n. 4-5

« Bollandiana » dall' Archivio Segreto Vaticano

di Angelo Mercati

L'Édition Romaine des Conciles Généraux

et les actes du premier Concile de Lyon

par Stephan Kuttner

Roma, 1940
Casa Editrice S. A. L. E. R.
Typis Pontificiae Universitatis Gregorianae

Angelo Mercati

« Bollandiana »
dall'Archivio Segreto Vaticano

Collectionis totius n. 4

Roma 1940
Casa editrice S. A. L. E. R.
Typis Pontificiae Universitatis Gregorianae

IMPRIMI POTEST

Romae, 20 Maii 1940

P. Emmanuel Porta
Praep. Prov. Rom. S. I.

IMPRIMATUR

Ex Vicariatu Urbis die 30 Maii 1940

† Alovsius Traglia
Archiep. Caesarien., Vicesgerens.

ROMAE - TYPIS PONTIFICIAE UNIVERSITATIS GREGORIANAE

INDICE

	PAG.
Avvertenza preliminare	7

I. Lettere di Bollandisti e di Benedetto XIV.

1. God. Henschenio e Dan. Papebrochio al cardinale Decio Azzolini, 1667. XII. 16. 9
2. Dan. Papebrochio a Lor. Casoni [1683. VI. ...] 12
3. Giovanni Stiltingh e Compagni Bollandisti a Benedetto XIV (1747. XI. 11.) . . . . , 14
4. Benedetto XIV a Giovanni Stiltingh e Compagni Bollandisti [1748. I. 10.] 16
5. Giovanni Stiltingh e Compagni Bollandisti a Benedetto XIV [1748. IX. 18.] 18
6. Gli stessi al medesimo [1750. XII. 2.] 20
7. » » » » [1753. X. 13] 22
8. Benedetto XIV a Giovanni Stiltingh [1753. XI. 17.] . . . 24
9. Francesco Ant. Zaccaria a Benedetto XIV [1755. IX. 2.] . . 26

II. Il nunzio, poi cardinale Garampi e i Bollandisti.

Introduzione sopra i casi dei Bollandisti nell'ultimo trentennio del sec. XVIII. 28

1. Memoriale della Segreteria di Stato al nunzio Garampi [1776. VI. 22.] 31
2. Garampi al cardinale Pallavicino, Segretario di Stato [1776. VII. 11.] 33
3. La Segreteria di Stato a Garampi [1776. VII. 27.] . . . 35
4. Garampi al Pallavicino [1776. IX. 4.] 36
5. » » » [1776. IX 19] 36
6. La Segreteria di Stato a Garampi [1776. X. 5.] 37
7. Garampi al Bollandista Corn. de Bye [1776. IX. 26.] . . . 37
8. Pallavicino a Garampi [1776. XII. 7.] 39

		PAG.
9. Garampi a Pallavicino [1778. II. 19.]		40
10. Pallavicino a Garampi [1778. III. 7.]		41
11. Garampi al Bollandista Corn. de Bye [1776. XII. 11.]		42
12. » » » » » [1777. II. 24.]		43
13. » » » » » [1777. IV. 30.]		44
14. » » » » » [1780. I. 19.]		45
15. » » » » » [1780. VIII. 16.]		47
16. de Bye al cardinale Garampi [1785. III. 26.]		48
17. Garampi al Bollandista Gius. Ghesquière [1790. VII. 28.]		53
18. Lo stesso a de Bye [1790. IV. 24.]		54
19. Ghesquière a Garampi [1792. III. 17.]		56
20. Garampi a Ghesquière [1792. IV. 4.]		57
21. » » » [1792. IV. 11.]		59
Addenda		60

Altre "Bollandiana" dall' Archivio Segreto Vaticano.

Avvertenza preliminare	61
1. Il nunzio Zondadari al cardinale Boncompagni Ludovisi [1788. III. 28.]	62
2. Boncompagni Ludovisi a Zondadari [1788. IV. 16.]	62
3. » » » » [1788. XI. 29.]	63
4. Zondadari al card. Boncompagni Ludovisi [1788. XII. 26.]	63
5. » » » » » [1789. I. 2.]	64
6. » » » » » [1789. III. 6.]	65
7. » » » » » [1789. III. 17.]	66
8. » » » » » [1789. IV. 26.]	66
9. » » » » » [1789. V. 22]	66
10. » » » » » [1789. X. 23.]	66

AVVERTENZA PRELIMINARE

Il ritrovamento, entro un cumulo di carte che andavo ordinando, della letterina del Papebrochio, il secondo numero di questa piccola raccolta, fece sorgere l'idea di ricercare se mai in questo Archivio ci fossero altre lettere di Bollandisti o cose relative ad essi ed alla loro monumentale opera delle *Acta Sanctorum*. Fino ad ora — ma penso che sia definitivo — il risultato delle indagini, offerto nelle seguenti pagine, se non gran cosa per ciò che riguarda la quantità, veramente esigua, è nondimeno assai notevole, non tanto per i nomi degli scrittori e per la conferma delle eccellenti relazioni di Benedetto XIV cogli agiografi di Anversa, coi quali, come già col cardinale de Tencin, egli si apre molto chiaramente sulla causa della beatificazione del Bellarmino, quanto specialmente per le notizie sull'azione di Pio VI e del suo nunzio a Vienna, Giuseppe Garampi, perchè, non ostante la soppressione della Compagnia di Gesù, le *Acta Sanctorum* potessero continuare ad opera degli ex-Gesuiti. Questo intervento è rimasto sconosciuto all'illustre L.-P. Gachard [1], archivista generale del Belgio, che nel 1835 illustrò da pari suo l'agonia e la morte temporanea alla fine del secolo XVIII della grande impresa [2], mentre il fugacissimo accenno

---

[1] Nato a Parigi il 12 marzo 1800, † a Bruxelles il 24 dicembre 1885: v. la notizia di J. Cuvelier in *La Commission Royale d'histoire 1834-1934, Livre jubilaire*, Bruxelles 1934, 114-133.

[2] *Les Bollandistes. Leurs travaux, leur suppression sous Joseph II (1773-1789)*, lettura fatta alla Commission d'histoire il 3 aprile 1835, riprodotta in Gachard, *Etudes et notices historiques concernant l'histoire des Pays-Bas*, III, Bruxelles 1890, 414-455. — A voce mi confermò di nulla sapere in proposito il bollandista H. Delehaye, che quindi non ne ha parlato nel suo *A travers trois siècles. L'oeuvre des Bollandistes, 1615-1915*, Bruxelles 1920. Nulla era da aspettarsi da P. Bonenfant, *La suppression de la Compagnie de Jésus dans les Pays-Bas autrichiens*, Bruxelles 1925 (Aca-

fattovi pel primo da L. von Pastor [3] è ben lungi dal far conoscere il modo e l'importanza di esso, che costituisce un'altra benemerenza del Pontefice e in particolare del dotto ed eruditissimo prelato, che come autore ed ideatore di opere storiche, come prefetto degli Archivi di Castel S. Angelo e Vaticano, come nunzio in Polonia e poscia a Vienna, come vescovo di Montefiascone e Corneto, come cardinale, fu uno dei più degni dignitari della Curia Romana nella seconda metà del Settecento.

Anche tornato a Roma il Garampi rimase in relazione cogli antichi Bollandisti de Bye e Ghesquière e così oltre che in quella di ufficio possiamo seguire nella sua privata corrispondenza giuntaci copiosa bensì, ma molto frammentaria, il suo continuo interessamento per le *Acta Sanctorum*.

Divido pertanto questa comunicazione in due piccole parti, dando nella prima lettere di Bollandisti (ivi compresa una dello Zaccaria perchè si riferisce a nuova edizione di lavori della Società) e due di Benedetto XIV, e innestando alla sobria narrazione dei fatti nella seconda la corrispondenza che illumina l'azione del Garampi come nunzio e come privato a favore della grande opera e la continua buona relazione di lui coi Bollandisti suoi amici.

Archivio Segreto Vaticano, Epifania del 1940.

---

démie royale de Belgique. Classe des Lettres, etc. Mémoires, collection in 8°, t. XIX, fasc. 5), che, come osserva in n. 5 di p. 58, per quanto riguarda i Bollandisti, rimanda ad altri autori.

[3] *Geschichte der Päpste,* XVI, 2, Freiburg i. Br. 1932, 274 s.; *Storia dei Papi,* versione italiana di P. CENCI, XVI, 2, Roma 1933, 289 s.

I. Lettere di Bollandisti e di Benedetto XIV

I

Eminentissime Princeps [1].

Antverpiae, 16 Dec. 1667.

Actis Sanctorum mensis Martii in lucem prodeuntibus [2] aequum fuit id a nobis significari Eminentiae Tuae, cuius favore effectum est ut egregia ad eius illustrationem praesidia colligeremus ex Serenissimae Reginae Christinae [3] manuscriptis per eius tunc absentiam Tuae commissis fidei. Hanc porro obligationem nostram libenter professi sumus tum ante primum tomum in praeliminari de vita et virtutibus Ioannis Bollandi operi feli-

---

[1] Il cardinale Decio Azzolini, n. 1612, elevato alla porpora il 19 febbraio 1654, † 8 giugno 1689 (v. V. Forcella, *Iscrizioni delle chiese... di Roma*, XIII, Roma 1879, 460 e il *Necrologio* del Galletti, Cod. Vat. lat. 7884, f. 176, Biblioteca Vaticana): L. Cardella, *Memorie storiche de' Cardinali*, VII, Roma 1793, 117-120; G. Moroni, *Dizionario di erudizione storico-ecclesiastica*, III, Venezia 1840, 315; P. Paschini, in *Dictionnaire d'histoire et de géographie ecclésiastiques*, V, Paris 1931, 1383. Specialmente per le relazioni sue con Cristina di Svezia v. L. von Pastor, Gesch. ecc. cit., XIV, 1 (1929), 350 s.; *Storia* ecc. cit., XIV, 1 (1932), 358 s.

[2] Tre tomi che hanno l'anno di stampa 1668: a p. xxx del I si parla dell'Azzolini, e di lui e della regina Cristina nel commentario sulla vita del Bollando; nel II è il *Martyrologium Bedae*, pp. v-xlii.

[3] La famosa regina Cristina Alessandra di Svezia (sulla quale cfr. v. Pastor, l. c., 328-356 e 336-365), di cui i due Bollandisti poterono consultare la ricca biblioteca, passata poi alla Biblioteca Vaticana, trovandovi il Martirologio del quale parlano in questa lettera. Allorchè i due Bollandisti furono a Roma, Cristina ne era partita fin dal luglio 1660 recandosi in Svezia per la morte di Carlo Gustavo: vi rientrò il 20 giugno 1662; v. Pastor, l. c., 351 e 359 s.

citer inchoato immortui [4]; tum luculentiori probavimus argumento ante secundum tomum, proferentes genuinum Bedae Presbyteri martyrologium [5]: quod adhuc requireremus aut ab additionibus extraneis non nisi difficulter discerneremus, nisi illius ab omni interpolatione puri, per Te habuissemus vetustissimum fragmentum, quod nobis pro lydio lapide fuit in reliquis mensibus ad genuinum Bedae contextum dignoscendum. Speramus igitur et ab Eminentia Tua et a Regina Serenissima, quae priores quoque menses evolvit atque probavit, hunc etiam Martium cupide excipiendum et Ecclesiarum vel monasteriorum Praelatis commendandum, ut sibi suisque conquirant opera ad omnium graduum ordinumque regionum ac temporum utilitatem et commendationem vulgata: quemadmodum patebit ex notitiis brevibus triplicis Status Ecclesiastici, Monastici et Secularis e trimestri nostro exceptis et nunc seorsim vulgatis [6] eo fine, ut notitiam operis desideriumque eo propagent latius quo facilius differri ad varios possunt. Eodem fine seorsim excudimus hoc genealogicum schema [7], quod uni ex tractatibus ad tertium tomum praeliminaribus pro argumento est in quo rerum istiusmodi curiosi mirabuntur ex Dagoberto secundo primum a nobis post annorum ferme mille oblivionem in lucem

---

[4] Giovanni de Bolland, il vero fondatore della società dei Bollandisti, che ne ha preso il nome, n. 13 agosto 1596, † in Anversa il 12 settembre 1665: C. Sommervogel, *Bibliothèque de la Compagnie de Jésus, Bibliographie,* I, Bruxelles-Paris 1890, 1624 ss.; VIII, 1858-60; *Biographie Nationale,* I, Bruxelles 1868, 630-641; Delehaye, *A travers* ecc. cit., passim.

[5] Pel martirologio di Beda e l'attuale Codice Ottoboniano 313 della Biblioteca Vaticana, che è quello della regina di Svezia qui ricordato, v. H. Quentin, *Les martyrologes historiques du moyen âge,* Paris 1908, 17-119.

[6] Cioè le «Breves notitiae triplicis status ecclesiastici, monastici et saecularis, excerptae ex Actis Sanctorum ianuarii, februarii et martii evulgatis ab I. Bollando G. Henschenio et Daniele Papebrochio S. J., Antverpiae, apud I. Meursium, anno MDCLXVIII, 8°, pp. 98», che il Sommervogel, op. cit., I, 1652, dichiara «opuscule très rare».

[7] Nel 1655 lo Henschen aveva pubblicato una *De tribus Dagobertis Diatriba* (Sommervogel, op. cit. I, 1652 e IV, 282, che erroneamente l'identifica colla *exegesis*), a illustrazione e difesa della quale inserì nel tomo III di marzo (pp. xii-xxiv) una *Exegesis praeliminaris II de genealogico stemmate regum Francorum primae stirpis per tres Dagobertos deducendo,* con a. p. xiii l'albero genealogico, che tirato a parte l'autore mandò con questa lettera all'Azzolini.

regnumque reducto eidem descendentes Reges quatuor et totidem Sanctos, incertis vel non suis hactenus adscriptos natalibus. Itaque ausi sumus hoc folium Eminentiae Tuae placitum sperare, ipsumque cum multa fausti anni apprecatione offerre: nec non Serenissimae Reginae (si in Urbem haec rediverit) per manus Eminentiae Tuae; interim dum precamur Deum ut utrique annos multos caelestibus donis cumulatissimos largiatur, nobis autem conservet favorem Tuum ad reliquas operis partes strenue perficiendas, qui sacram Purpuram Tuam humili osculo venerati sumus atque manebimus

Eminentiae Tuae
humillimi Clientes
Godefridus Henschenius [8]
Daniel Papebrochius [9]

Particolari, t. 46, f. 953. Soltanto le due firme sono autografe.

---

[8] G. Henschen, n. 21 gennaio 1601, † in Anversa 11 novembre 1681 (SOMMERVOGEL, op. cit., IV, 282 s.; *Biographie Nationale* cit., IX, 224-233), il primo aiuto dato al Bollando, col quale e col Papebrochio merita «de partager le titre de fondateur du bollandisme»: v. H. DELEHAYE, *A travers trois siècles* cit., 26 ss. E v. le comunicazioni sul viaggio in Italia dei due soci fatte da M. BATTISTINI negli articoli da lui indicati a n. 2 di p. 2 di quello pubblicato in *Archivio della R. Società Romana di Storia Patria*, LIII-LV (1930-1932), 1-40: *I padri bollandisti Henschenio e Papebrochio a Roma nel 1660-61*.

[9] D. van Papenbrock, «le bollandiste par excellence» (DELEHAYE, l. c., 32 e passim), n. in Anversa 17 marzo 1628, † ivi 28 giugno 1714; SOMMERVOGEL, op. cit., VI, 178-185; *Biographie Nationale*, XVI, Bruxelles 1901, 581-589.

2.

[. . . 1683] ¹

Illustrissime ac Reverendissime
Domine Patrone Colendissime ².

Qua ratione cogitaverim Favoriti ³ Tui nostrique memoriam posteritati consignatam relinquere in limine proxime edendorum librorum, si Tua id patiatur humanitas, explicabit argumentum Epistolae nuncupatoriae, quod Tuo judicio reverenter subjicio, quando ipsum, cui praeponi deberet, tractatum Romam mittere manuscriptum, per intervalla locorum non licet.

---

¹ La data, che può precisarsi davvantaggio con « dopo il 14 e non molto dopo il 26 giugno » 1683, risulta dall'occasione dei distici e dalla morte del Fürstenberg; v. n. 6.

² Destinatario dev'essere Lorenzo Casoni, che era cugino del Favoriti: presso il padre di lui, Nicolò, ospitarono in Sarzana il 1º e 2 marzo 1662 lo Henschen e il Papebrochio nel ritorno dal viaggio scientifico in Italia: M. BATTISTINI, *I Padri Bollandisti Henschenio e Papebrochio in Toscana nel 1661*, in *Rivista storica degli Archivi Toscani*, II (1930), 280-305, pp. 290 s., dietro lettera di presentazione del prefato Favoriti suo nipote: M. BATTISTINI, *I Padri... a Roma* cit., 23. L. Casoni, n. 27 settembre 1645, † 19 novembre 1720, segretario dei Brevi, segretario della Cifra, nunzio, fu creato cardinale da Clemente XI il 17 maggio 1706. CARDELLA, op. cit., VIII, 80 s.; G. MORONI, op. cit., X, 144 s.; E. GERINI, *Memorie storiche d'illustri scrittori... dell'antica e moderna Lunigiana*, I, Massa, 1829, 145 s.; L. von PASTOR, *Storia* cit., XIV, 2 e XV, e M. DUBRUEL, *En plein conflit. La nonciature de France. La secrétairerie d'Etat du Vatican. Les Congrégations des affaires de France pendant la querelle de la Régale (1674-1694)*, Paris, 1927, ove buone informazioni sulle carte del Casoni e del Favoriti.

³ Agostino Favoriti, n. 1624, † 13 novembre 1682, segretario concistoriale e della Cifra. V. l'elogio nell'iscrizione del monumento erettogli in S. Maria Maggiore dal Fürstenberg presso E. GERINI, l. c., 136, e V. FORCELLA, *Iscrizioni* cit., XI, 83. Cfr. L. von PASTOR, op. cit., XIV, 2; DUBRUEL, l. c., 29, 41, 50 s., 54 s., 65 ss., 84, 118. Fu buon poeta nella lingua del Lazio e in *Septem illustrium virorum poemata*, Antverpiae 1660, quelli del Favoriti « Flavio Chisio S. R. E. Cardinali ab epistolis et Sacro Collegio cardinalium a secretis » trovansi a pp. 45-111, (43-156 nell'ed. seconda, Antverpiae 1677). Si ha di lui anche l'*Oratio in funere Clementis IX*, Romae 1669, ed un'altra *in funere Alexandri VII*, Romae 1667, riprodotte nell'ed.

Caetera exponent latores harum R. P. Ioannes Franciscus Vannius[4] meusque Conradus Janningus[5]. Quare finem faciens interpellandi gravissimas occupationes Tuas, subscribor, cum voto incolumitatis prosperitatisque diuturnae

Illustrissimae ac Reverendissimae
Dominationis Tuae
minimus in Christo famulus
Daniel Papebrochius S. J.

[qui è un circolo di mm. 45 di diametro con entro una linea di mm. 30, sotto la quale è scritto « unc. 2 dragm. 1 ponderis »: quindi il P. aggiunge]

Circumferentia et grossities calculi Colendissimo ac Reverendissimo Ferdinando Episcopo et Principi Paderbor. ac Monaster.[6]

---

seconda dei *Poemata*, 157-172. Il *Propilaeum ad Acta Sanctorum Maii*, Antverpiae [1685] dà una lettera del Papebrochio al Casoni, Segretario della Cifra, delle lettere latine, della concistoriale « Augustini Favoriti..., deque Sanctorum Actis quoad vixit optime meriti, consobrino et in officiis successori », in cui è detto che il *Conatus* sulle vite dei Papi « Favorito dicandum destinaveram ». Ivi il Papebrochio ricorda l'ospitalità a Sarzana e riporta l'epitaffio a S. Maria Maggiore. Nel *Fondo Garampi* all'Archivio Segreto Vaticano i tomi 49 e 54 sono raccolte di poesie e altro del Favoriti ed a lui, messe insieme da Nicolò Casoni, pronipote del cardinale Lorenzo, che intendeva farsene editore dedicando il lavoro a Benedetto XIII.

[4] Che copiò e lavorò pei Bollandisti: BATTISTINI, *I Padri... a Roma* cit., 37. Era nato a Lucca 1 novembre 1638 e morì il 30 settembre 1709: C. SOMMERVOGEL, op. cit., VIII, 452-55.

[5] Corrado Janning (così i dizionari, biografici olandesi di A. J. VAN DER AA, IX, 94 e di P. C. MOLHUYSEN e P. J. BLOK; I. Leiden 1911, 1260), o Janninck, n. a Groninga nel 1650, aiuto dei Bollandisti, poi Bollandista, che fu mandato nel 1681 a compiere gli studi a Roma, † in Anversa 13 agosto 1723; SOMMERVOGEL, op. cit., IV, 739 s.: H. DELEHAYE, *A travers trois siècles* ecc. cit., 37 s., 79 s., 81, 127, 135 s.

[6] Ferdinando von Fürstenberg, vescovo di Paderborn e di Münster. Eletto a Paderborn 30 maggio 1661; coadiutore a Münster 20 aprile 1668, succedendovi il 19 settembre 1678, † 26 giugno 1683: P. GAUCHAT, *Hierarchia catholica medii et recentioris aevi*, IV, Monasterii 1935, 240, 246. Su di lui v. *Allgemeine deutsche Biographie*, VI, Leipzig 1877, 702-709; *Lexikon für Theologie und Kirche* del BUCHBERGER, IV, Freiburg i. Br. 1932, 244. Quanto alle sue benemerenze per le missioni settentrionali d'Europa v. J. METZLER, *Die apostol. Vikariate des Nordens*, Paderborn 1919, 163-176.

felici sectione exempti 14 Iunij 1683, in quem, altari sacro appensum, sic lusi [7].

> Grandia qui patrijs tot fecit surgere templis
> Saxa, sub unius non magna mole lapilli
> Ut pereat? Melius, Superi! succurite vestro
> Fernando, quasque extruxit mox dedicet aedes
> Incolumis. Valuere preces. En grandior ille
> Principis in mortem qui tot contraxit arenas,
> Exectus est: aliusque ut tale deinceps
> Nil peccet, sacrum aeternum pendebit ad aram.

Autografo. — Non ha ancora segnatura archivistica. — L'Indice 180, f. 109' cataloga un'altra lettera del Papebrochio da Anversa dell'anno 1675, che doveva trovarsi nel t. 54 di *Particolari*, fra gli attuali ff. 270, 271 nell'antico f. 160, che manca evidentemente da lungo tempo.

3.

(11. XI. 1747).

Beatissime Pater,

Praeclarissimum Opus de Servorum Dei Beatificatione et beatorum Canonizatione[1], ante Summi Pontificatus apicem felicissime

---

Nelle due edizioni cit. dei *Septem.... poemata* quelli del Fürstenberg sono rispettivamente a pp. 115-191 e 175-306. Protesse il Favoriti e fu in grande relazione con lui, che lodò grandemente in fine al suo *Ad Aug. Favoritum de morte Natalis Rondinini*, in cit. *Poemata*, ed. del 1672, 202-209 (ne esiste un'edizione a parte, s. l. et a., di cui un esemplare è nella Barberiniana sotto la segnatura GGG. VIII 26, 150-151) e al quale eresse il monumento, che si vede in fondo alla navata di sinistra in S. Maria Maggiore, illustrato da W. Richter in *Zeitschrift für vaterländ. Geschichte und Alterthumskunde*, LII (1894), zweite Abt., 140-143. Per le sue benemerenze coi Bollandisti (v. anche Battistini, *I Padri... a Roma* cit., 5, 22), questi gli dedicarono il tomo II d'aprile (1675) e il I di maggio (1680) delle *Acta Sanctorum*, mentre il II e il III di maggio (1680) recano la dedica ai fratelli Guglielmo e Francesco von Fürstenberg.

[7] Altre poesie del Papebrochio elenca il Sommervogel, op. cit., VI, 182 e v. 179.

[1] La celebre e fondamentale opera, che il Lambertini pubblicò essendo arcivescovo di Bologna in quattro tomi, Bononiae 1734-1738. Fu ripubbli-

conscriptum et editum, nos dubitare non sinebat, quin Sanctitas
Tua benevole in Opus nostrum de Actis Sanctorum affecta esset
benignumque de eo ferret judicium. Id ipsum ab aliis ad nos variis vicibus relatum fuit, ita ut de judicio gravissimi Patroni studiorum nostrorum iam diu gauderemus. Vel sic tamen jucundo
quodam stupore affecti sumus, quando die festo Omnium Sanctorum in litteris P. Hieronymi Lombardi [2] legimus, quanta benignitate Sanctitas Tua acceperit tomum primum Septembris [3],
quantoque affectu suum de Actis Sanctorum judicium nobis ipsis
per litteras memorati Patris significari voluerit, atque Apostolicam
etiam benedictionem nobis impertierit. Non ita quidem a ratione
alieni sumus, Beatissime Pater, ut nos tanto favore Summi in
terris Christi Vicarii satis dignos existimemus: non possumus tamen non magnopere laetari conatus nostros in perficiendo Opere
difficili placere summo Pontifici: idque tanto magis gaudemus,
quanto nobis magis perspecta est eximia eruditio Sanctitatis Tuae,
cujus eruditissimo ac praestantissimo Operi, quod nobis saepe per-

---

cata, vivente l'autore, a Padova in cinque tomi, 1743-1745 («paucis demptis, inconsulto ut videtur auctore», osserva, non so su quale fondamento,
H. HURTER, *Nomenclator literarius theologiae catholicae* [3], IV, Oeniponte
1910, 1509; cfr., qui sotto, la lettera 4) e poi nei primi quattro volumi
dell'edizione romana (fatta a spese dei Portoghesi, notifica Benedetto XIV
al cardinale de Tencin presso DE HEECKEREN [v. n. 2 alla lettera 7] I, 407)
delle *Opera omnia* del Pontefice, 1747 ss.

[2] Girolamo Lombardi, n. in Verona 16 novembre 1707, † a Venezia
9 marzo 1792: SOMMERVOGEL, op. cit., IV, 1926-28. In *Principi*, t. 241, ff.
394 ss., 407-409, sono cinque lettere del Lombardi al Papa (14 dicembre
1748, 22 novembre e 13 dicembre 1749, 18 aprile 1750 e altra s. d.) con
a ff. 397-400 l'indice delle dissertazioni di Benedetto XIV, *che possono formare un giusto volume* (cfr. SOMMERVOGEL, l. c., 1927, nº 9). La quarta accompagna la vita di Suor Maria Crocifissa « di cui s'è degnata accettare
la dedica, e prenderne la protezione. L'accoglienza fatta dalla S. V. a
questa offerta è un beneficio singolarissimo per cui l'autore [il gesuita,
ben noto scrittore ascetico, G. B. Scaramelli, n. in Roma 24 novembre
1687, † a Macerata 11 gennaio 1752; SOMMERVOGEL, op. cit., VII, 689-694],
che ha composta la vita, e io che sono stato il mezzano in darla alla
luce non potremo mai pagare le obbligazioni che senza fine abbiamo per
ciò contratta». La s. d. è la dedica ampollosa di detta vita. E' da notare
che SOMMERVOGEL, IV, 1927, comunica: « Dans une lettre autographe du
P. Scaramelli, en date 31 mars 1750, je lis que le P. Lombardi dédia cet
ouvrage au Pape sans le consentement de l'auteur».

[3] Uscito ad Anversa colla data del 1746.

volvendum est, nostrum accuratione et perfectione vellemus esse similie. Maximas igitur, Beatissime Pater, et quam possumus humillimas Sanctitati Tuae gratias agimus de eximio favore minimis nobis et immerentibus praestito, rogamusque humillime ut illum ad utilitatem Operis benigne continuare dignetur; nobisque tamquam ad osculum sacratissimorum pedum prostratis Apostolicam impertiri benedictionem. Deum Optimum Maximum continuatis precibus exorare conabimur, ut Sanctitatem Tuam ad utilitatem universalis Ecclesiae diu servare dignetur incolumem.

Antverpiae 11 Nov. 1747.

Beatissime Pater

     Sanctitatis Tuae
    Humillimi ac devotissimi
  Joannes Stiltingh [4] Societatis Jesu
   et Socii Bollandiani [5] Operis

Principi, t. 241, f. 471. — Tutta di mano dello Stiltingh.

4.

[10. I. 1748]

Benedictus PP. XIV.

Dilecti Filii, salutem et apostolicam Benedictionem. Redditae sunt Nobis a dilecto Filio Hieronymo Lombardo Societatis Jesu Presbytero litterae Vestrae die XI superioris Mensis Novembris conscriptae; quae quidem a Nobis magna cum voluptate perlectae sunt, quod in ipsis certissima vestrae pietatis in Nos studiique argumenta perspeximus. In quo plane persuasum vobis esse volumus,

---

[4] G. Stiltingh (non Stiltinck), n. 24 febbraio 1703, † ad Anversa 28 febbraio 1762: SOMMERVOGEL, op. cit., VII, 1581 s.; A. PONCELET, in *Biographie Nationale*, XXIV, 33-39; DELEHAYE, *A travers* ecc. cit., 42 ss.

[5] Nel titolo del tomo I di settembre delle *Acta Sanctorum* (1746) compaiono i nomi del Pinius (Pien), dello Stiltingh, del Limpens e del van de Velde, in quello del II (1748) manca di questi il Pien e si aggiunge lo Suyskens. Cfr. DELEHAYE, l. c., 42 s. Nella lettera 5 del 18 settembre 1748, non è firmato il van de Velde, ma un nuovo, il Perier.

nostrum vobis animum aequali prorsus amore ac benevolentia respondere [1] [magnam vero semper apud Nos fuisse opinionem, adeoque esse, de ingenti Opere, *Acta Sanctorum* nuncupato, quod a decessoribus Collegis [2] vestris optimo consilio susceptum, atque incredibili labore continuatum, nunc demum vestro studio ac diligentia in hanc amplitudinem, in qua conspicitur, perductum fuit. Ex hoc Opere libenter agnoscimus ac profitemur Nobis suppeditata fuisse, si quae sunt eruditorum gustui non inepta in nostris libris de Canonizatione Sanctorum alias conscriptis: quorum editione Bononiae olim factae, alteram nuper addidimus Patavii adornatam [3], quae et accurata correctione, et complurium rerum utiliter cognoscendarum accessione, priori illi multo antecellit. Haec ut ad vos perferatur, idem Hieronymus affirmavit se curaturum. Iidem nunc libri iterum subjiciuntur praelo Typographi Romani [3], qui unica editione cum ipsum Opus de Canonizatione Sanctorum, cum alia omnia a Nobis exarata, ac secundis curis retractata et aucta, complectitur. Vos pergite, in Sanctorum monumentis colligendis illustrandisque, de Ecclesia Dei bene mereri,] ac filiali amore Nos prosequi: dum Nos et praeclaros labores vestros, et piam vestram erga Nos affectionem confirmaturi, Apostolicam Benedictionem vobis amanter impertimur. Datum Romae apud Sanctam Mariam Majorem die 20 Januarii 1748. Pontificatus Nostri anno octavo.

Dilectis filiis
Joanni Stiltingh Societatis Jesu
et Sociis Bollandiani Operis
Antverpiam

Principi, t. 241, p. 472 - Minuta.

---

[1] Quanto segue, chiuso fra [ ], fu già pubblicato dal v. PASTOR, *Geschichte* ecc. cit., XVI, 1, in n. 1 di p. 139 (n. 2 di p. 145 nella versione italiana). Ne aveva riportato i passi più salienti J. GHESQUIERUS nel t. I delle *Acta Sanctorum Belgii,* Bruxellis 1783, x s.

[2] v. PASTOR: Collegii.

[3] V. la n. 1 alla lettera 3.

5.

Beatissime Pater

[18. IX. 1748]

Accepimus paucis abhinc diebus praestantissimum Opus de Canonizatione Sanctorum, donum nobis longe gratissimum ac iucundissimum, de quo Patavii recuso [1], ac nobis jussu Tuo per P. Hieronymum Lombardum mittendo, nos docere dignatus es in litteris benignissime ad nos datis [1]. Equidem, Sanctissime Domine, Tuae illae Litterae non minorem nobis admirationem moverunt quam voluptatem, quando in iis perlegendis advertimus, quam benigne Sanctitas Tua litteras nostras exceperit, quam benevole suam de instituto Operis nostri mentem declaret, quam contra modeste loquatur de eruditissimo Opere suo. Modestia enim illa minime fucata suaviter nobis in memoriam revocabat Patres Pontificesque antiquos, qui praecipua eruditionis ac pari Christianae humilitatis laude in Ecclesia floruerunt. Benevolentia vero Pontificia, in nos minimos atque in Opus de Actis Sanctorum tam benigne declarata, id efficere potuit, ut propensius jucundiusque amemus ac veneremur Te, Beatissime Pater, quem ut Vicarium Jesu Christi summo honore, veneratione atque amore observandum colendumque a pueritia novimus, magisque didicimus in Societate nostra. Quare vix nos continuimus, quin iteratis litteris mox Sanctitati Tuae debitas ageremus gratias de honore nobis praestito. Vicit tamen reverentia Maiestatis Pontificiae, effecitque ut litterae differrentur usque ad allatum Opus de Canonizatione Sanctorum, ne geminandae alias forent. Interea audivimus varios favores Societati nostrae praestitos a Sanctitate Tua, cujus Brevia aliquot legimus laude totius Ordinis nostri conspersa [2]. Intelleximus etiam diligenter tractari de quibusdam Societatis nostrae viris praecipuis in Beatorum catalogum referendis [3]. Haec aliaque beneficia Tua, Sanctis-

---

[1] V. la lettera 4.
[2] Cfr. v. Pastor, *Gesch.* cit., XVI, 1, 218 ss.; vers. ital. 229 ss.
[3] In realtà nessun gesuita fu proclamato Beato da Benedetto XIV; v. Pastor, l. c., rispettivamente, 223 e 234.

sime Pater, mirum in modum nos recrearunt, quia ex illis perspicimus Paternam Tuam benevolentiam in Societatem, cui divina providentia nos adscriptos gaudemus, quamque ut alteram matrem diligimus. Benevolentiam autem Sanctitatis Tuae non modo toti Societati nostrae honorificam credimus, sed utilissimam quoque ad munia sua majori cum alacritate et fructu obeunda. Gaudium nostrum ex iis natum modo auxerunt allati libri, quos cupidissime expectavimus. Stabunt illi in bibliotheca nostra ut perpetuum monumentum Sanctitatis Tuae in nos benevolentiae, et Benedicti XIV Pontificis Maximi nobis posterisque nostris jucundam conservabunt memoriam. Attamen otiosi non stabunt : sed (quam hactenus praestitit prima editio) operam nobis praestabunt non vulgarem in Actis Sanctorum illustrandis. Etenim iam multorum annorum experientia librorum illorum utilitatem nos docuit, cum ex illis multa adoptaverimus, nihil huc usque in illis a nobis refutatum sciamus. Hoc de nullo alio opere, quod alicujus sit molis et usus tam frequentis, dicere possumus : nec tamen umquam dedita opera a refutandis aliquibus in Opere Sanctitatis Tuae abstinuimus; sed refutanda non invenimus. Hinc gavisi sumus, Beatissime Pater, dum legimus reliqua Opera Tua secundis curis retractata et aucta cum hisce simul Romae imprimi. Dabit divina bonitas, ut illa aliquando conjuncta videamus : nos certe non patiemur quidquam ex illis nobis deesse; quia non dubitamus, quin multiplicem illam eruditionem, prudentem crisim, accuratamque diligentiam, quam in visis et lectis miramur ac suspicimus, in reliquis quoque simus inventuri. Nos interim gratias agimus divinae Munificentiae, quod tantas Sanctitati Tuae vires tribuat, tantamque laborum patientiam, ut et negotia universalis Ecclesiae vigilantissime administrare, et temporis aliquid libris perficiendis invenire possit Sanctorum magnorumque Pontificum exemplo. Utinam bonorum omnium Largitor dona sua annis plurimis continuare augereque dignetur, ad utilitatem et gloriam Ecclesiae universalis. Id sane votis precibusque Deum Optimum Maximum rogamus ac rogare non desinemus. Nunc vero, Beatissime Pater, nihil superest, nisi ut humillimas maximasque gratias Sanctitati Tuae agamus de honore nobis per litteras missosque libros exhibito, de benevolo affectu saepius declarato, ac demum de beneficiis omnibus tam in nos quam in totam Societatem nostram benigne collatis : quas gratias animo devotissimo agimus : at simul dimisse precamur, ut Sanctitas Tua libertati longioris epistolae ignoscat, continuataque in nos benevolentia epistolam cum Synopsi tomi 2 Septembris [4] excipere dignetur. Tomum ipsum, simulac lucem aspicere poterit, ad P. Hieronymum Lombardum destinabimus. Benedictionem Apostolicam, tamquam ad pedes Sanctitatis Tuae prostrati, supplices efflagitamus.

Antverpiae 18 Sept. 1748.

Sanctissime Pater

Sanctitatis Tuae
devotissimi ac minimi
Joannes Stiltingh S. J.
Joannes Limpens S. J. [5]
Constantinus Suyskens S. J. [6]
Joannes Perier S. J. [7]

Principi, t. 241, ff. 473, 478. - Tutta di mano dello Stiltingh, eccettuate naturalmente le tre ultime sottoscrizioni autografe.

6.

[2. XII. 1750]

Sanctissime Domine

Eximia illa benignitas, qua priores Septembris tomos excipere dignatus es, nequaquam dubitare nos sinit, quin et tertium ejusdem mensis tomum [1] pari benevolentia sis amplexurus. Hunc igitur per

---

[4] Foglietto di quattro pagine che forma i ff. 475, 476 del t. 241 di *Principi*.

[5] N. 19 novembre 1709, † a Maestricht 28 novembre 1783 (A. Poncelet, *Nécrologie des Jésuites de la province Flandro-Belge*, Wetteren, 1931, 199), non nel 1784 come danno Sommervogel, op. cit., IV, 1838 e *Biographie Nationale*, XII, 208. Rimase pochi anni fra i Bollandisti: v. Delehaye, *A travers* ecc. cit., 42.

[6] N. in Bois-le-Duc 20 agosto 1714, † in Anversa 28 giugno 1771: Sommervogel, op. cit., VII, 1723; *Biographie Nationale*, XXIV, 345-347.

[7] N. in Courtrai 29 agosto 1711, † in Anversa 23 giugno 1762: Sommervogel, op. cit., VI, 533; H. Delehaye, in *Biographie Nationale*, XVII, 20 s.

[1] Il tomo II di settembre delle *Acta Sanctorum* porta la data del 1750.

manus P. Hieronymi Lombardi reverenter ad Sanctitatem Tuam dirigimus. Quin et Paterno illo in nos animo, de quo nos certos benignissime reddidisti, continuatisque Pontificii favoris indiciis freti, litteras hasce tomo adjungere sustinemus, ut desiderium et sensa nostra candide exponamus. Profundas sane, Beatissime Pater, in animo nostro radices egit veneratio Sedis Apostolicae, et observantia in Romanos Pontifices, quos ut Christi in terra Vicarios suspicimus ac reveremur. Hinc non possumus non magni facere Summorum Pontificum de Opere nostro judicium, quocumque demum modo ab iis fuerit prolatum. Tuum vero judicium de Actis Sanctorum iam ante supremam illam dignitatem maximi semper fecimus, cum ob summam mundoque notam eruditionem Tuam, tum ob nonnullam studiorum Tuorum cum nostris affinitatem. Illud autem Actis Sanctorum favorabile esse, certo novimus et gaudemus. At dolemus contrariam in hisce partibus ab anno uno alterove multorum esse persuasionem, eamque tam firmiter quorumdam animis infixam, ut evelli facile nequeat. Utinam Sanctitas Tua hanc Actis Sanctorum gratiam praestare vellet, et scripto aliquo, quod publici juris facere possemus, de iis mentem suam declarare. Magno sane cumulo augeret beneficia nobis praestita, quae grato animo agnoscimus. Ignosce, Sanctissime Domine, fiduciae et libertati nostrae, humillimas preces hunc in finem ad Te deferenti. Precamur Omnipotentem Dominum, ut firmas Tibi vires in vegeta senecta et vitam longaevam Tuo et aliorum bono clementer conservare dignetur. Antverpiae 2 Decembris 1750.

Sanctissime Domine

Sanctitatis Tuae
Humillimi ac devotissimi famuli
Ioannes Stiltingh et Collegae
pro Opere de Actis Sanctorum [2]

Principi, t. 241, f. 481. - Tutta di mano dello Stiltingh.

---

[2] Benedetto XIV rispose a questa lettera col Breve *Cum nuper dilectus filius Hieronymus Lombardus* del 3 aprile 1751 (la cui minuta originale è a ff. 482-487 di *Principi*, t. 241 : Benedetto XIV vi ha aggiunto di sua mano le parole « mensis septembris »), pubblicato in principio del tomo IV di settembre delle *Acta Sanctorum* insieme a una di risposta dei bollandisti Stiltingh, Suyskens, Périer e Trentecamp, Antverpiae 1753. I due documenti

7.

Beatissime Pater

[13. X. 1753]

Postquam, peracto feliciter itinere [1], incolumes et valentes domum reversi sumus, ordinaria studia statim resumpsimus, et tertio jam mense continuamus. Cum autem prae manibus habeamus diem 17 Septembris, quo obiit Venerabilis Cardinalis Bellarminus, studia haec nostra, Beatissime Pater, non possunt non perpetuo in nobis renovare et augere incensum desiderium, quo dudum desideravimus videre decretum Apostolicum, ad declarandum fidelibus, constare de virtutibus heroicis egregii illius Ecclesiae Propugnatoris [2]. Nam, cum in Catalogo Praetermissorum ad XVII Septem-

---

erano già stati editi a parte in Anversa nel 1751: SOMMERVOGEL, op. cit., VII, 1581. *La storia letteraria d'Italia* (del P. FR. A. ZACCARIA), III, Venezia 1752, narrando l'origine del breve, lo riprodusse, aggiungendo anche la risposta dei Bollandisti (357-373). Il Breve, veramente importante, è rilevato da v. PASTOR, *Gesch.* l. c., rispettivamente, 138 s. e 145 e da DELEHAYE, *A travers* ecc. cit., 141 ss.

[1] Lo Stiltingh e il suo socio Suyskens erano venuti a Roma nel 1752: DELEHAYE, l. c., 142.

[2] Il 5 (non 3) maggio 1753 era stata tenuta, ciò che pare ignorassero i Bollandisti, la congregazione ordinaria della S. C. dei Riti « super dubio - an constet de Virtutibus Theologalibus et Cardinalibus earumque adnexis in gradu heroico » del Bellarmino, nella quale « il Papa parlò lungamente... e si mostrò favorevolissimo » e si ebbero su 15 (così è detto, ma erano soli 14) cardinali presenti voti 2 pel *non costare,* voti 1 pel *constare,* ma *videndum an expediat* e 11 pel *constare*: a questi sono da aggiungere i voti di due cardinali defunti, il Gentili e il Ruffo. Perchè non si venisse allora alla beatificazione del grande controversista è spiegato in breve da v. PASTOR, *Gesch.* e *Storia dei Papi* cit., rispettivamente, pp. 227 s. e 238 s., ma v. specialmente E. ROSA, *Il Card. D. Passionei e la causa di beatificazione del Ven. Card. R. Bellarmino* (estratto dalla *Civiltà Cattolica*), Roma 1918, ove sono riportati nel testo originale italiano molti dei passi delle lettere di Benedetto XIV al cardinale de Tencin, conservate all'Archivio Vaticano e pubblicate disgraziatamente in versione francese da E. DE HEECKEREN, *Correspondance de Benoit XIV,* Paris 1912. Li indica anche v. PASTOR, l. c. dimenticando i rinvii ai testi di pp. 386 e 431, il primo dei quali è dato parzialmente, nella lingua originale, da T. VALENTI, *Papa Lambertini umoristi-*

bris de Venerabili Bellarmino mentio facienda sit, et Catalogus ille post duos aut tres menses prelo sit subjiciendus, non sine dolore tacere cogemur de decreto illo a plerisque Catholicis tantopere desiderato[3]. Quapropter precamur Sanctitatem Vestram, ut nos minimos servos suos patienter ferat, si ardentissimas preces nostras conjungamus cum precibus multorum pro celeri expeditione praedicti decreti, quod ad gloriam Dei conducturum confidimus, et ad conversionem haereticorum. Neque enim omnes haeretici hoc tempore adeo contemnunt Canonizationes Sanctorum, ut nequeat multis praeberi occasio magis serio cogitandi de salute sua, si viderint Sanctorum albo adscribi praecipuum errorum suorum Oppugnatorem. Ignosce, Beatissime Pater, si ex verbis Tuis has preces ad Te perferendi fiduciam concepimus. Dignatus es benigne dicere Te nostro etiam desiderio tribuisse in concedendo Officio de S. Pulcheria[4]. Hinc nostrum hic etiam desiderium declarare praesumimus, et humiliter declaramus, preces nostras et vota nostra, cum aliorum precibus et votis jungimus, ac decretum de virtutibus heroicis Venerabilis Bellarmini, quanta possumus instantia, debita tamen submissione et humilitate, celeriter vulgari rogamus. Demum precamur Omnipotentem Deum, ut Sanctitatem Vestram, cui longe plura debemus, quam umquam persolvere possimus, ad bonum Universalis Ecclesiae, ac nominatim, quod in eumdem finem tendere credimus, ad causam Ven. Bellarmini feliciter terminandam, diu

---

co, Roma 1938, 117. Cfr. P. DUDON, *Pourquoi la cause de Bellarmin est-elle restée trois cents ans pendante devant la Cangrégation des Rites?* in *Recherches de science religieuse*, XII (1921), 145-167.

[3] E infatti nel tomo V di settembre delle *Acta Sanctorum* uscite nel 1755 il Bellarmino è fra i « praetermissi » a p. 466.

[4] Nell'appendice al tomo IV di settembre (Antverpiae 1753) sta (pp. 778-782) una « De S. Pulcheria imperat. virg. appendix ad tomum III septembris », ove è riportato il breve di Benedetto XIV dell'11 febbraio 1752, con cui viene esteso ai Gesuiti l'officio e la messa propria di S. Pulcheria « pro canonicis regularibus in Lusitania ». Vi leggiamo: « Saepe mirabamur (quemadmodum deinceps observavimus, ipsos quoque Bollandistas Societatis Jesu presbyteros, de Beatorum Sanctorumque gestis actibusque in lucem emittendis, vindicandis, condignoque honore habendis meritissimos, et apostolicae etiam praedicationis encomiis laudandos, mirari)... Nos itaque... huiusmodi supplicationibus [del generale della Compagnia di Gesù], atque etiam desiderio, quod laudati Bollandistae hac in re ostendunt, inclinati... ».

incolumem ac vegetam servare dignetur; menteque ad pedes Sanctitatis Vestrae prostrati, benedictionem Apostolicam humillime flagitamus. Antverpiae 13 Octobr. 1753.

Beatissime Pater

Sanctitatis Vestrae
Humillimi, minimi et obedientissimi
servi et filii
Ioannes Stiltingh et Socii

Principi, t. 241, f. 489. — Tutta di mano dello Stiltingh.

8.

[17. XI. 1753]

Benedictus PP. XIV.

Dilecte Fili, salutem et Apostolicam Benedictionem. Ex tuis litteris scriptis die 13ª Octobris magna cum animi nostri voluptate intelleximus, vos incolumes domum reversos esse, et ordinaria studia resumpsisse, studia, inquam, quae sunt (a) Catholicae Religioni proficua (b), quaeque continuam sanctitatem (c) perseverantem in Ecclesia Romana ostendunt. Vos estis solliciti pro causa Venerabilis Servi Dei Cardinalis Bellarmini, et exoratis pro Decreto approbante eius virtutes in gradu heroico [1]. Vos non estis soli: urget multitudo aliorum ex omni tribu, et lingua, et populo. Nosque vehementer exoptamus Decreti expeditionem. Porro non omnia quae licent, expediunt. Sternenda via est, ut quod, Deo dante, fiet, fiat sine novarum dissensionum periculo in Ecclesia, quae novis dissensionibus non indiget. Deum interea Optimum Maximum humillime exoramus, ut hac etiam in re suum Nobis praestet auxi-

---

[1] Sono interessantissime le seguenti dichiarazioni del Pontefice, che si aggiungono alle altre delle lettere al cardinale de Tencin ricordate in n. 2 del numero precedente.

Credo utile notare le cancellazioni ecc. ricorrenti nella minuta.

a Segue, cancellato, *adeo proficua*.
b *Proficua è interlineare* e di mano del Papa stesso.
c Segue, cancellato, *quae est nota verae Ecclesiae, semperque*.

lium, quod Nos (d) ab ejus infinita misericordia consecuturos esse speramus. Inter humana media, quae intentioni favere possunt, facile profecto et expeditum illud est silendi et expectandi. Verba siquidem excitant turbas, tumultus, atque dissidia, quae nihil (e) prosunt, sed maximopere nocent. Haec pro nostra ingenuitate tibi scriptis exponimus. Ad alia deinde transitum faciendo, te admonemus, Nos recepisse Tomum quartum Mensis Septembris [2], in quem inserta sunt Acta S. Ioannis Chrysostomi, et ulterius eadem Acta recepisse a dicto Tomo sejuncta, Nobisque dedicata [3]. Novus Tomus procul dubio dissimilis non est caeteris praecedentibus: sacra quippe eruditione refertus est; critica non deest, sed sobria et pacifica: critica quippe est ad instar salis; quo in totum deficiente, obsonium insipidum est; ipsoque nimium superabundante, obsonium sine gravi incommodo comedi non potest. Bone Deus! Quam pulchra, quam erudita est epistola nuncupatoria Actorum S. Ioannis Chrysostomi. Nihil in ea est, quod veritati non innitatur; nihil, quod non sit conforme (f) sinceris S. Ioannis Chrysostomi actis et gestis; nihil, quod non conferat ejus doctrinae et sanctitati illustrandae. Si quid in ea est, quod ab hoc tramite deflectat, ea sunt, quae de Nobis scripsisti. At sapiens lector (g) unum ab altero separare sciet, et secernere ea quae vera sunt, ab eis quae vobis antiqua bonitas erga Nos suggessit. Et interea te, Sociosque tuos plenis ulnis amplectentes, tibi, aliisque praedictis Apostolicam Benedictionem peramanter impertimur.

Datum Romae apud S. Mariam Majorem die 17 novembris 1753. Pontificatus Nostri Anno XIV.

Dilecto Filio Ioanni Stiltingh Presbytero Societatis Jesu Antverpiam

Principi, t. 241, ff. 490 s. - Minuta.

---

d Segue, cancellato, *etiam hac in re;* ab - *misericordia* è interlineare.

e Segue, cancellato, *profecto.*

[2] Antverpiae 1753.

[3] Il *Commentarius historicus de S. Iohanne Chrysostomo* è a pp. 401-700. Il Sommervogel, op. cit., I, 1643-46, non indica quest'edizione a parte, che forse fu di un unico esemplare, quello destinato al Papa.

f Corretto da *conformis.*

g Segue, cancellato, *facile.*

9.

[2. IX. 1755]

Beatissimo Padre

Dalla clemenza, con cui la Santità Vostra nel passato anno mi accolse a' suoi Piedi fatto ardito mi avanzo ad umiliarle una copia delle Apologie Bollandiane dal Coleti stampate in Venezia [1]. Io non ci ho veramente altra parte, se non quella di aver progettata questa edizione, e di averci fatte poche note, e stesa una prefazione; e queste note medesime colla prefazione non avranno certo avuto alcun uso, se lo stampatore avrà (che noi so, non avendo ancora veduta la stampa) eseguiti i precisi miei ordini di lasciarle, dappoiché per ubbidire a' replicati comandamenti di codesta Sacra Congregazione del Sant'Uffizio scrissi a lui, che costà mandasse il mio originale senza ritenerne pur copia. E ben vorrei, ch'egli fosse stato religioso osservatore delle mie premurose istanze non solo per vie più confermare la mia venerazion somma agli ordini di codesto Tribunale, comechè paruti mi siano nati da non piena infor-

---

[1] *Acta Sanctorum Bollandiana apologeticis libris in unum volumen nunc primum contractis vindicata*, dedicate a Benedetto XIV, Antverpiae 1755, ma « le type et le papier accusent une origine italienne » (ed ora ne sappiamo la ditta editrice): SOMMERVOGEL, op. cit., I, 1672, che ne dice editore lo Zaccaria ed in VIII, 1396 avverte che l'opera era pronta verso il 1749, ma che fu posto il veto alla stampa dal generale dei Gesuiti, Retz, che « agissait par ordre du S. Office, qui craignait que cette publication ne reveillât les discussions à peine assoupies entre les PP. Dominicains et les membres de la Compagnie ». DELEHAYE, *A travers* ecc. cit., così ne parla (267): « Malgré l'indication du titre, le volume n'a pas été imprimé à Anvers, mais en Italie, sans doute à Venise. C'est un recueil des différents opuscules qu'ont fait naitre les controverses avec les Carmes [v. ibid. 126-156] et avec les Dominicains [v. ibid. 158]. Les *vindiciae* du P. Cuperus à propos de l'apostolat de S. Jacques en Espagne y ont également trouvé place ». Nel vol. XIII della *Storia letteraria d'Italia* dello Zaccaria, Venezia 1758, ne è dato l'annunzio a pp. 377-380, e vi si dice che l'editore vi aveva posto mano fin dal 1746, ma che « sgomento per gli frapposti ostacoli lasciò l'opera imperfetta. Egli avea disegno di stendere anche più la Prefazione generale, nella quale tesse la Storia di tutte le controversie de' PP. Bollandisti, e di metterci anche più annotazioni, che non ha fatto (non però mai sul principal punto della contesa fra que' dotti Scrittori, e i Chiarissimi PP. Car-

mazione del fatto, ma ancora, perchè se contro mia voglia fossero stampate quelle pochissime cose mie, appariranno manchevoli, non avendoci io potuto per riguardo degli ordini stessi dare l'ultima mano, come avrei fatto. Pur tuttavia qual che sia quest'opera, ardisco d'offrirla a V. S. con tanto maggior coraggio, quanto che dalle notizie mandatemi per istendere la dedicatoria ho inteso con estremo mio piacere, che la Santità Vostra ne ha riguardata l'edizione con quella incredibile benignità, che L'ha portata a dar già quelle tante dimostrazioni di parziale clemenza verso gli Atti de Santi, che i loro compilatori anche per loro gloria non lasciano in ogni occasione di ricordare colle più umili proteste d'una grata riconoscenza. Spero, che tra non molto potrò presentarle qualche altra cosa veramente mia; ma intanto servirà questo libro col merito, che ha delle cose altrui contenute, ad aprire al mio, che senz'alcun merito si riconosce, la strada per comparirle innanzi; e intanto con profondo ossequio baciandole i Santissimi Piedi Le chiedo l'Apostolica Benedizione.

della Santità Vostra

Modena 2 Settembre 1755

Umilissimo, divotissimo, obbligatissimo Servidore
Francescantonio Zaccaria della Compagnia di Gesù [2].

Principi, t. 241, ff. 457, 458. - Autografa.

---

melitani; ch'egli ha troppo rispetto per le Sacre Congregazioni di Roma, le quali hanno silenzio imposto sulla questione, se S. Elia fondasse la cospicua Religione de' Carmelitani). Ma riflettendo egli, che questi Opuscoli erano un prezioso tesoro di critica sacra, principalmente voleva sul fine da essi trarre un'arte critica, la quale i lettori sicuramente guidasse nello studio della Storia Ecclesiastica. Tutto gli fu attraversato. Nondimeno comechè men perfetta sia, ch'egli non avrebbe voluto, non lascerà d'essere in gran pregio avuta...» e siavverte che Benedetto XIV «per lo suo amore alle Scienze, e per la degnazione, con che riguarda l'opera de' Bollandisti, riconfortò lo stampatore a pubblicarla, appianò le frapposte difficoltà, e benignamente acconsentì, che fossegli intitolata». E v. Scioscioli cit. a n. 2, 59 s.

[2] Il notissimo gesuita, del quale v. il meritato elogio in HURTER, op. cit., V, 484 s.; n. in Venezia 27 marzo 1714, † in Roma 10 ottobre 1795: SOMMERVOLGEL, op. cit., VIII, 1381-1435 e per la letteratura più recente (v. specialmente D. SCIOSCIOLI, *La vita e le opere di F. A. Zaccaria*, Brescia 1925) G. NATALI, in *Enciclopedia italiana*, XXXV (1937), 860 s., ove, contro gli altri biografi, è dato come giorno di sua morte il 15 ottobre: il 10 però è assicurato anche dal *Diario ordinario* del Cracas nº 2170 in data del 17 ottobre 1795 («sabato della scorsa 10 del corrente passò all'altra vita... l'Ab. F. A. Zaccaria»).

II. Il nunzio, poi cardinale Garampi[1] e i Bollandisti

Per la piena intelligenza dei documenti, che pubblico qui, è opportuna una rapida esposizione dei casi dei Bollandisti nell'ultimo trentennio del secolo XVIII[2]. Avevano essi pubblicato nel 1770 il tomo III delle *Acta Sanctorum* del mese d'ottobre (il 50° della collezione includendovi il *Propylaeum Maii* uscito nel 1688) e preparavano il seguito, quando in virtù di dispaccio reale di Maria Teresa del 2 settembre al principe Carlo-Alessandro di Lorena, governatore generale dei Paesi Bassi austriaci[3], e delle lettere patenti del 13, addì 20 settembre 1773 cominciò l'esecuzione del breve *Dominus ac Redemptor* di Clemente XIV del 21 luglio precedente, con cui si sopprimeva la Compagnia di Gesù, col chiudere le chiese e le scuole, coll'apporre i sigilli alle biblioteche, agli archivi ecc. Ai Bollandisti, che allora erano Cornelio de Bye[4], Giacomo

---

[1] N. in Rimini 29 ottobre 1725, creato cardinale 14 febbraio 1785, † 4 maggio 1792; per la bibliografia relativa a lui v. una mia nota in *Studia Picena*, X (1934), 162. Aspettiamo sempre dal Prof. Ignazio Filippo Dengel, tanto benemerito del Garampi, il lavoro definitivo sull'insigne uomo.

[2] Lavoro fondamentale è la memoria del GACHARD ricordata nell'avvertenza preliminare. V. inoltre il *Prooemium de ratione universi operis* di J. VANHECKE in *Acta Sanctorum*, t. VII, pars prior di ottobre (Bruxellis 1845), XI-XIX; il buon compendio di H. DELEHAYE, *A travers* cit., 162-182 (*La ruine*) e per i rapporti con Tongerloo H. LAMY, *Les conditions de la reprise de l'oeuvre des bollandistes par l'Abbaye de Tongerloo*, in *Mélanges d'histoire offerts à Charles Moeller*, II, 1914, 481-501 (Univ. de Louvain Recueil de travaux publiés par les membres des conférences d'histoire et de philol., 41ᵉ fasc.); H. LAMY, *L'oeuvre des bollandistes à l'Abbaye de Tongerloo*, in *Analecta Praemonstratensia*, II (1926), 294-306, 379-389; III (1927), 61-79, 156-178, 284-313.

[3] Duca di Lorena e Bar, fratello di Francesco marito di Maria Teresa, n. a Luneville 12 dicembre 1712 † nel castello di Tervueren 4 luglio 1780: v. *Biographie Nationale*, IV, 10-20.

[4] N. 1 ottobre 1727, † 11 agosto 1801; SOMMERVOGEL, op. cit. II, 476 s.;

de Bue [5], Ignazio Saverio Hubens [6] e Giuseppe Ippolito Ghesquière [7], il quale però dal 1771 era stato distaccato dalle *Acta Sanctorum* per assumere la direzione della nuova impresa scientifica delle *Analecta Belgica,* si fece sapere che il governo, soddisfatto dei loro lavori, avrebbe potuto avere per essi dei riguardi particolari e difatti, poi, mentre tra Vienna e Bruxelles si discuteva sull'applicazione dei fondi trovati e sul da farsi per la prosecuzione o meno dell'opera bollandiana, poterono per due anni continuare le loro fatiche nell'antica casa professa di Anversa, che abbandonarono nel 1775 quando questa fu destinata per un'accademia militare, trovando solo tre anni dopo rifugio presso i canonici regolari di S. Agostino nell'abbazia di S. Giacomo di Caudenberg in Bruxelles. Ciò avvenne perchè intanto l'imperatrice Maria Teresa e il cancelliere principe di Kaunitz [8], persuasi della convenienza ed utilità della continuazione dell'opera e convinti che gli indicati alla bisogna erano coloro che vi avevano lavorato, i quali inoltre avrebbero potuto formare dei buoni continuatori fuori del loro ordine soppresso, adottarono una combinazione, che il principe di Lorena attuò con decreto del 19 giugno 1778. Per essa i Bollandisti sunnominati dovevano passare alla detta abbazia di Caudenberg, i primi tre per accudire alla continuazione delle *Acta Sanctorum,* il Ghesquière per occuparsi delle *Analecta Belgica,* ricevendo ciascuno una pensione a vita di annui 800 fiorini, comprensivi i 350 già loro assegnati come membri della soppressa Compagnia, oltre l'alloggio e

---

VIII, 1954; *Biographie Nationale,* IV, 858 s. V. più sotto la sua corrispondenza col Garampi.

[5] N. 11 marzo 1728, † 28 settembre 1808: Sommervogel, op. cit., II, 336; *Biographie Nationale,* III, 147-149; Lamy cit. in III, 170, ne pubblicò un ritratto.

[6] N. in Anversa 12 dicembre 1737, † ivi 18 agosto 1782; Sommervogel, op. cit., IV, 494; *Biographie Nationale,* IX, 590 s.

[7] N. in Courtrai 27 febbraio 1731, † a Essen 23 gennaio 1802; Sommervogel, op. cit., III, 1368-1377; *Biographie Nationale,* VII, 719-725; Delehaye, *A travers* ecc., 164 ss. Anche di lui pubblica un ritratto il Lamy, l. c., 172. V. più sotto la sua corrispondenza col Garampi.

[8] M. T. d'Absburgo, n. in Vienna il 13 maggio 1717, imperatrice dal 20 ottobre 1740, † il 29 novembre 1780; Venceslao-Antonio principe di Kaunitz, cancelliere di Maria Teresa e di Giuseppe II, n. in Vienna 2 febbraio 1711, † ivi 27 giugno 1794: v. gli articoli di H. Kretschmayr in *Enciclopedia italiana,* XXII, 317-19; XX, 141 e il vol. XVI di L. v. Pastor.

la tavola da parte dell'abbazia, indennizzata per ciò dal governo con 500 fiorini per ciascuno dei quattro. A Caudenberg, ove eransi trasferiti fin dall'aprile 1778, i Bollandisti, fattevi trasportare le loro biblioteche e carte, poterono ricominciare con lena il lavoro, tanto che nel 1780 usciva il IV volume d'ottobre delle *Acta Sanctorum,* al quale seguirà il V nel 1786, quando per la soppressione dell'abbazia di Caudenberg compiutasi per decreto imperiale del 23 maggio avevano dovuto sloggiarne riparando nell'antico collegio dei Gesuiti di Bruxelles, ove poco più di due anni dopo doveva raggiungerli quel decreto 16 ottobre 1788, che giustamente il GACHARD (p. 461) dichiara colla sua condotta nella faccenda dei Bollandisti « une tache éternelle à sa mémoire », dell'imperatore sagrestano, con cui si ordinava la cessazione del lavoro per il prossimo Ognissanti, si disponeva la vendita della biblioteca e si stabiliva una pensione annua di 800 fiorini per ognuno dei Bollandisti.

Andati a vuoto altri tentativi, la continuazione delle *Acta Sanctorum* e delle *Analecta Belgica* parve assicurata nel maggio 1789 col passaggio, per acquisto, della biblioteca bollandista e materiale relativo, fondi di magazzino e di tipografia all'abbazia premonstratense di Tongerloo (Anversa): il personale scientifico veniva pure assunto, cioè de Bye, de Bue, Ghesquière (erano morti Hubens e il suo successore Anselmo Berthod [9]), Giovanni Battista Fonson dell'abbazia di Caudenberg [10], e Cornelio Smet ex Gesuita [11], ch'era stato aggiunto al Ghesquière per le *Analecta.* In questi anni così agitati potevano pubblicarsi tuttavia 6 volumi delle *Acta Sanctorum Belgii* (1782, 1784, 1785, 1787, 1789, 1794) e il VI volume d'ottobre delle *Acta Sanctorum* (1794). Ma nel 1794 entrarono in Belgio i Francesi e tutto fu sommerso nella rivoluzione: la Società dei Bollandisti rinascerà nel 1837 e da allora occupa un posto di primissimo ordine nel regno delle scienze storiche [12].

---

[9] V. su di lui la nota 6 alla lettera n°. 16.
[10] Morto nel 1826: v. su di lui LAMY cit. III, 166 s.
[11] N. il 10 luglio 1740 (o 1742?) † a Bruxelles 11 febbraio 1812; SOMMERVOGEL, op. cit., VII, 1301-1307; *Biographie Nationale,* XXII, 769-773.
[12] V. *Après un siècle. L'oeuvre des Bollandistes de 1837 à 1937,* in *Analecta Bollandiana,* LV (1937), V-XLIV.

Lasciata Varsavia, il Garampi [13] giungeva alla sua nuova sede di Vienna il 5 maggio 1786 [14] e già ai 22 di giugno la Segreteria di Stato [15] gli spediva il seguente memoriale:

I.

[22. VI. 1776]

« Dopo l'estinzione della Compagnia di Gesù è rimasta sospesa l'opera degli Atti de Santi detta de' Bollandisti. Facile però sarebbe di continuarla quando l'Apostolica Maestà dell'Imperatrice Regina volesse onorarla di sua protezione. Già gli Editori degli ultimi Tomi hanno pronta la materia, l'hanno già disposta per mandare alla luce un altro tomo del mese di ottobre, e già hanno ammassati molti materiali ricercati con molto studio da varie parti per la continuazione degli altri mesi. Vi è un fondo di rendita per tale effetto formato dal guadagno della stampa, che presentemente è sequestrato cogli altri effetti degli estinti Gesuiti. Vi è ancora una suppellettile di libri raccolta dai celebri Scrittori Papebrochio, Eschenio (sic), Sollerio per facilitare ai loro successori il proseguimento dell'opera. L'Abate Bye capo della Società dei moderni Bollandisti ha già fatto passare a Vienna le sue supliche per avere il permesso di continuare l'opera sudetta e per conseguire i mezzi opportuni per l'esecuzione. S. A. l'Elettore di Treveri [1] favorisce

---

[13] Fu nominato nunzio in Polonia il 15 aprile 1772 e il 23 marzo 1776 a Vienna, dove rimase fino alla primavera del 1785. L. KARTTUNEN, *Les nonciatures apostoliques permanentes de 1650 à 1800*, Genève 1912, 245.

[14] *Nunziatura di Germania*, t. 395, f. 375. Per il viaggio del Garampi da Varsavia a Vienna per la Slesia, Sassonia e Boemia v. J. PH. DENGEL, *Nuntius Josef Garampi in preussisch Schlesien und in Sachsen im Jahre 1776*, in *Quellen und Forschungen aus italien. Archiven und Bibliotheken*, V (1903), 223-268.

[15] Era allora Segretario di Stato il cardinale Lazzaro Opizio Pallavicino, n. in Genova 30 ottobre 1719, nunzio a Napoli e in Spagna, elevato alla porpora da Clemente XIII 26 settembre 1766, Segretario di Stato di Clemente XIV e di Pio VI fino alla morte avvenuta il 23 febbraio 1785: v. MORONI, *Dizionario* ecc. cit., LI, 52 s. e le tre parti del vol. XVI di L. VON PASTOR, passim.

[1] Clemente Venceslao di Sassonia, dal 1768 arcivescovo elettore di Treveri, † 27 luglio 1812: *Lexikon für Theologie und Kirche* del BUCHBERGER,

con tutto il calore la loro istanza. E' supplicata la Santità di Nostro Signore di commettere al Nunzio Apostolico a Vienna di prendervi parte, e di raccomandarla all'Imperatrice in suo nome. Il suddetto Abate de Bye, che conosce personalmente Monsignor Nunzio lo renderà pienamente informato di tutto, e lo ragguaglierà della situazione in cui è l'affare.

VI, Freiburg i. Br. 1934, 37 s. Finora non ho rintracciato la lettera che deve avere scritta al Papa o al Segretario di Stato. L'intervento suo pei Bollandisti è un particolare finora ignorato, che si conferma dalla lettera del suo consigliere Francesco Giuseppe Beck (v. *Dictionnaire d'histoire et de géographie ecclésiastiques,* VII, Paris 1934, 378 s.), che fu in lunga corrispondenza col Garampi, al quale scrisse il 27 novembre 1777 (*Fondo Garampi,* t. 274, n°. 89):

« Je n'ai pas encore recu response de M. de Püchler [segretario di gabinetto di Maria Teresa: BONENFANT, *La suppression* ecc. cit., 253] à la lettre que je lui ai ecrite et dont j'ai eu l'honneur d'envoyer copie a Votre Excellence. Mais je scais qu'elle a fait impression sur l'esprit de Sa Majesté qui vient d'ecrire a mon Serenissime Maitre qu'il ne partois point de courier pour Bruxelles qui ne fut porteur de quelqu'ordre de sa part tendant à accelerer la continuation de l'ouvrage bollandien... ».

E' annessa la copia della lettera (ibid. n°. 90):
« Monsieur

Il y a plus d'un an qu'à la sollicitation de l'Electeur mon serenissime Maitre S. M. voulut bien se decider à faire continuer le célèbre ouvrage des Acta Sanctorum qui avoit été interrompu à l'époque de l'abolition de l'ordre des Jésuites. Mais diverses répresentations de la par du gouvernement retardèrent l'effet de ces dispositions si avantageuses à la Religion et si glorieuses même a S. M. Pendant son sejour à Vienne l'Electeur revint à la charge et remontra la necessité de remettre aussitot la main à l'oeuvre, si on vouloit ne pas rendre tout a fait impossible la perfection de cet ouvrage un des plus vastes qu'on ait jamais concu, ouvrage désiré de tous les vrais savants et pour le quel toutes les Bibliothèques ont deja fait des depenses si considerables. S. M. fit ecrire en consequence de nouveau au gouvernement que sa volonté absolue etait que les Acta SS. fussent achevés et demanda un plan suivant le quel ils pussent etre continués. Le gouvernement en demanda un aux ex jesuites ci devant chargés de la redaction de cet ouvrage ... [parole scomparse per l'umidità] que j'ai l'honneur de vous joindre ici a fin que vous poissiez le comparer [avec] celui qu'on a mis sous les yeux de S. M. Comme le gouvernement de Bruxelles ne vouloit pas que le livre fut continué personne ne seroit surpris, qu'il presentat successivement a S. M. des plans impossibles pour gagner du tems et reduire au neant les bonnes dispositions de S. M. ».

E più tardi, il 9 maggio 1778, lo stesso Garampi, tacendo umilmente la tanta parte da lui sostenuta nella faccenda, poteva scrivere al Beck: « Votre

L'opera merita la prottezione di un Pontefice, come è il regnante non solamente dotto, ed illuminato, ma religioso ancora, e zelante, per l'effetto eziandio d'impedire, che non venga commessa la sua prosecuzione a qualcuno de' Dottori di Lovanio, o di altra Università, i quali imitassero più lo stile de' Scrittori di questo secolo, che de' precedenti [2], ond'Ella vede che ugualmente che il zelo l'affare merita l'accorgimento del Santo Padre. Ma V. S. Illma non ha bisogno che le sieno aggiunti maggiori stimoli di quegli che le porrà la perfetta cognizione ch'Ella ha di quest'Opera, e la sacra sua erudizione, per conformare tutto il suo impegno alle Pontificie premure. Ond'io senza più etc ».

L'11 luglio il nunzio, che per la sua pietà e per il grande amore che portava ai buoni studi, aveva prevenuto il suo alto mandante, rispondeva:

2.

« E.mo e R.mo S.re S.re Padrone Colendissimo.

[11. VII. 1776]

Prima ancora di ricevere col veneratissimo dispaccio di V. E. i supremi ordini di Nostro Signore, avevo già esposti a questo Signor Principe di Kaunitz i vivi miei desiderj, affinchè non venga in verun modo interrotta l'Opera Bollandiana. Gliene avevo parlato per impulso di mio zelo per la Chiesa, per la Repubblica letteraria, per l'onore della Casa d'Austria, e per l'utilità delle Fian-

---

dernière du 27 du mois passé [che non ho trovata] m'a bien dedomagé de l'attente dans la quelle j'etois de vos nouvelles... Je suis enchanté que les Bollandistes soyent contents, et que leur ouvrage continue: c'est aussi un bien qu'on doit en parti a vos soins, et quels avantages n'auroi -t- on pas pû s'attendre de votre zèle, et de l'energie de vos representations, si la correspondence en question auroit continuvé? Mais ne nous mettons pas en peine. Il sufit d'avoir jetté la bonne semence. Ce sera à Dieu de la germer dans le tems et lieu qu'il le jugera à propos... ». (*Nunziatura di Vienna*, t. 190, pp. 184 s.).

[2] *Nunziatura di Germania*, t. 365, ff. 394 s. E' anche in *Nunziat. di Germ.*, t. 665, f. 116 e t. 666, ff. 70 s., ove è aggiunto quanto segue.

dre, e come quello, che per essere stato due volte in Anversa [1], mi ero in modo speciale occupato in osservare gl'immensi materiali instancabilmente raccolti da tanti grand'uomini, e in conoscere ed esaminare i metodi adottati e stabiliti per il loro uso. Esposi, che niuna impresa è stata mai più vasta e laboriosa di questa, non più opportuna a verificare le vite ed azioni dei Santi, nè più utile alla storia sì ecclesiastica che civile di tutto il Mondo, sì che i Protestanti stessi debbono tenerla in sommo pregio: ch'essendosi cominciata e proseguita mediante la protezione e munificenza della Casa d'Austria, ne ridonda a lei un onore immortale presso la Chiesa, e presso ogni Stato e Comunione; che quindi n'era risultato un vantaggio considerabilissimo anche alle Fiandre, potendo ciascuno calcolare, quanto grandi somme di contante sieno ivi dai paesi stranieri colate, mediante lo spaccio di 40 e più volumi, a circa 1500 esemplari, come credo, per ciascuno: onde l'Opera Bollandiana è divenuta un ramo di commercio, che avendo introdotti finora nelle Fiandre sopra 200000,00 zecchini, sarebbe un reciderlo, l'intermetterla [2].

Intese volentieri da me tutta questa esposizione il Signor Principe, e mi attestò, che non si è qui mai avuta intenzione di sospendere l'Opera suddetta, che anzi allorchè egl'intese le prime difficoltà che insorgevano in quelle parti, propos'egli stesso alcuni pensamenti per toglierle: che la cosa era poi rimasta sospesa, stante la sopravenienza di altri affari, e stante la moltiplicità degli oggetti e delle varie cure necessarie a mettere in stabile sistema tutte le cose relative all'estinta Compagnia di Gesù in quelle parti. Si esibì dunque a questo mio eccitamento di riprendere fra non molto per mano la materia e di tenerne in appresso nuovo discorso.

Ho informato di tutto ciò anche il Signor Lederer Referendario per gli affari di Fiandra [3], con cui spero di poter andare di

---

[1] Si vegga sulla visita che fece ai Bollandisti in Anversa nell'ottobre 1762 il *Viaggio in Germania, Baviera, Svizzera, Olanda e Francia compiuto* dal Garampi *negli anni 1761-1763,* edito da G. PALMIERI, Roma 1889, 216-218.

[2] « Et son [dell'opera Bollandiana] profit annuel de 2400 florins, qui est fourni presque entièrement de l'étranger, mérite quelque attention, en l'envisageant comme un objet de commerce », leggevasi già nel rapporto del comitato per gli affari in seguito alla soppressione della Compagnia, in data 2 aprile 1774, presso GACHARD, l. c., 429.

[3] « Auguste Gottlob de Lederer, conseiller aulique et reférendaire au

concerto. Tutto l'impuntamento non proviene, che da alcuni particolari Fiamminghi, i quali visto lo stabilimento di 5000 fiorini annui, che i Socj Bollandisti eransi formato, mettendo a capitale il sovrappiù, che è venuto di mano in mano sopravvanzando alle spese occorrenti, dallo spaccio dell'Opera, vorrebbero trarlo a proprio profitto, ed escludere quelli che con tanto zelo ed abilità l'hanno continuata finora, e sono pronti a proseguirla.

Ho già fatto all'Abbate Cornelio de Bye qualche riscontro delle prime direzioni che ho assunte per questo affare, in esecuzione degli Ordini di Nostro Signore. Con V. E. però me ne spiego più in dettaglio. Intanto con ogni venerazione mi rassegno

Di V. E.

Vienna 11 luglio 1776

Umiliss.° Divotiss.° Obbl.° Servitore vero
Giuseppe Arciv.°, V.° di Monte Fiascone e Corneto
Nunzio Apostolico » [4].

A questa interessantissima comunicazione la Segreteria di Stato rispondeva:

3.

« A Monsignor Nunzio in Vienna
27 luglio 1776

.... Ha pur inteso la Santità Sua con gradimento la buona disposizione che costì si mostra di favorire il proseguimento di un'Opera per la Chiesa singolarmente si interessante, qual è quella de' Bollandisti, e attenderà con desiderio il risultato del nuovo ab-

---

département des Pays-Bas de la Chancellerie de Cour et d'État »: J. et P. LEFEVRE, *Documents relatifs à l'admission des Nonces et Internonces des XVIIe et XVIIIe siècles (Analecta Vaticano-Belgica publiés par l'Institut historique Belge de Rome*: 2e série, Nonciature de Flandre, VII), Bruxelles-Rome 1939, 108.

[4] *Nunziatura di Germania*, t. 395, ff. 392 s.; soltanto la firma è autografa. Ne sta copia in *Nunziatura di Vienna*, t. 176, pp. 63-65.

boccamento, che il Signor Principe di Kaunitz si era riserbato d'averne con V. S. Ill.ma... »[1]

e il nunzio notificava ai 4 di settembre:

4.

[4. IX. 1776]

« ..... Finalmente dopo molti impulsi che il Governo di Bruxelles avea di qui ricevuti e sempre negligentati, è venuto a parlamentare coi Socj Bollandiani, sulle disposizioni da darsi per metter mano alla continovazione dell'Opera, rispetto cioè al luogo e ai mezzi per farlo. Sono pertanto intento a indagare le nuove difficoltà che il detto Governo sia per frapporre; avendomi l'Abbate de Bye comunicato confidentemente il Piano che ha egli coi suoi Socj esibito al Governo »[1],

e poi il 19:

5.

« E.mo e R.mo Sig.re Sig.re Padrone Colendissimo.

[19. IX. 1776]

. . . .

Intorno all'Opera Bollandiana non si è qui mai pensato a farla discontinuare. I dubbj nascevano soltanto, rispetto ai modi e alle persone da impiegarvisi. Tanto il Signor Referendario Lederer, quanto il Signor Principe di Kaunitz, convengono niuno dover essere più atto a proseguirla, quanto quegli stessi che vi hanno lavorato finora. Ma non così sentono i Consigli e Magistrati del Brabante. Attualmente stanno tutti i Piani e le Memorie sul ta-

---

[1] Minuta in *Nunziatura di Germania*, t. 665, f. 128. E' anche in t. 666, f. 75' s.

[1] Copia in *Nunziatura di Vienna*, t. 176, p. 323 per l'anno 1777.

volino di S. M. Al suo ritorno da Neustadt, non mancherò d'interloquire direttamente anche con essa... »[1],
ricevendo la risposta:

6.

[5. X. 1776]

« ..... Quando cotesto Ministero convenga che i più atti a proseguir l'Opera Bollandiana sieno quegli stessi che vi han lavorato sinora sembra non fuor di luogo lo sperare che V. S. Ill.ma sia per trovare, o indurre nel medesimo sentimento la Maestà della Imperatrice Regina malgrado anche la contrarietà de' Consigli e Magistrati del Brabante. Dalle parole che ne avrebbe Ella avute colla Maestà sua, stà il S. Padre in aspettativa di sentire quello che ne avrà riportato, e se possa deporre il timore che le accennai colla mia de' 22 del passato giugno [2] .... »[3].

Il 26 settembre il Garampi aveva informato l'antico bollandista de Bye con questa lettera diretta « a M. l'abbé Corneille de Bye vis-a-vis l'Académie Militaire à Anvers » *.

7.

[26. IX. 1776]

« Vous aurèz été surpris en ne voyant point de reponse à une lettre que vous me fîtes l'honneur de m'ecrire le 20 juillet et vous m'aurèz peutetre soubçonné de negligence et de nonchalance. Mais aïèz la bonté de m'écouter avant que de me juger. J'ai été pendant presqu'un mois et demi en Hongrie voyageant par ci par là, sans

---

[1] *Nunziatura di Germania*, t. 395, ff. 451 s.; la sola firma è autografa. E' anche in *Nunziatura di Vienna*, t. 176, p. 133.

[2] E' il n°. 1 di questa II parte.

[3] Minuta in *Nunziatura di Germania*, t. 665, f. 170. L. von Pastor le assegna la data del 28 settembre, che è invece quella della lettera precedente nel volume. E' anche in t. 666, f. 89.

* Riproduco qui e in seguito, come già in n. 1 alla lettera 1, i testi francesi con scrupolosa fedeltà agli originali.

faire long sejour dans aucune partie. C'est pour cela, que toutes les lettres qui sont arrivées sur ces entrefaits pour moi à Vienne, ont dû m'y attendre jusqu'à mon retour. Me voila donc justifié de toute tache au sujet du retardement de ma reponse. Mais ce qui doit vous convaincre de mon empressement à vous servir, c'est, que je n'ai jamais cessé de veiller sur votre compte. A mes sollicitations l'on entama l'affaire, meme avant mon depart. En partant je me recommandai de plus en plus, et je chargai M. le C. Caleppi [1] mon auditeur d'y insister, en lui laissant tous vos papiers, qui m'etoient parvenûs jusqu'alhors, moyennant les soins de notre sçavant et digne ami M. l'Ab. Maillot [2]. En effet l'on à discuté la matiere et ell'est à cette heure sous les yeux memes de S. M. l'Imperatrice. Malgré la varieté des oppositions et des projets envoïés de Flandre, l'on est décidé que l'ouvrage des Actes

---

[1] Lorenzo Caleppi, n. in Cervia 29 aprile 1741, uditore del Garampi nella Nunziatura di Polonia e di Vienna. Eccellente ecclesiastico, ebbe affidato da Pio VI il grave incarico di provvedere alle migliaia di ecclesiastici francesi riversatisi nello Stato pontificio in seguito al rifiuto del giuramento alla costituzione del Clero gallicano. Coperte altre importanti missioni diplomatiche in quel periodo difficilissimo, egli fu nominato da Pio VII nel 1802 nunzio in Portogallo, donde passò in Brasile colla famiglia reale ed ivi rimase in continua benefica azione fino alla morte avvenuta la notte del 10 gennaio 1817 a Rio de Janeiro, dopo che era stato nominato cardinale nel Concistoro segreto dell'8 marzo 1816. V. la n. 42 a pp. 22-27 di P. Savio, *Clero francese ospite ne' Conventi de' Cappuccini dello Stato Pontificio*, Isola del Liri 1933 (estratto da *L'Italia Francescana*, VIII [1933], ove detta nota è a pp. 94-99).

[2] Nel *Fondo Garampi*, t. 283, ff. 142-162 sono varie lettere del Maillot e minute di lettere a lui dall'agosto 1788 al maggio 1792. Le sue sono datate da Mannheim e da Monaco: egli era infatti, come si sottoscrive in quella del 7 giugno 1789, « le prélat Maillot de la Treille préfet des bibliothèques de Mannheim et de Munic de S[on] A[ltesse] El[ectorale] palatine et de Baviere » Carlo Teodoro, di cui era anche « geh. Rath », e al quale consigliò la sostituzione in collegi del Palatinato, della Congregazione della Missione (Lazzaristi) ai Gesuiti soppressi: J. F. Hautz, *Geschichte der Universität Heidelberg, herausgeg. von* K. A. v. Reichlin-Meldegg, II, Mannheim 1864, 267. Il Garampi lo aveva conosciuto quando arrivò a Mannheim (20 agosto 1762) e vi vide la biblioteca, che « attualmente si riduce in buon ordine dall'abate Nicolao Majhot de la Treille »; « di nazione francese è uomo di una grandissima vivacità, fornito di molte cognizioni di letteratura, e sembra di un ottimo cuore. Fece nell'anno scorso un viaggio per l'Alsazia e per il corso del Reno sino a Basilea, di cui ha steso un minuto ed erudito diario in francese ». Al ritorno (30 agosto) da gite nelle vicinanze, « l'abbate Maillot diede

des Sains doit etre continué, sans autre delai : et le ministere est
dans la favorable disposition de n'en charger que ceux memes
qui y ont si louablement travaillé jusqu'à cette heure. Voilà la
bonne perspective qui me flatte. Ce pendant jusqu'à ce que la
chose ne soit tout-a-fait decidée, je n'ose point d'en etre bien assuré.
Vous sçavez combien de choses surviennent bien souvent inter os
et offam dans les grandes cours. Ce pendant soyéz sur de l'in-
téret » [3].

* * *

La Segreteria di Stato tornava ad insistere con lettera del

8.

« 7 dicembre 1776

.... Sono certo, che V. S. I. avrà cooperato non poco a rimettere in corso il noto Lavoro dei Bollandisti, tanto contradetto
dal Governo di Fiandra ; onde la Repubblica letteraria non meno,

---

a monsignore un buon pranzo » (così il segretario del Garampi nel *Viaggio*
ecc. cit. edito dal PALMIERI, 155 ss., 161) e il Garampi lo rivide il 12 febbraio 1763 restituendosi definitivamente a Roma (ibid. 267). — In *Nunziatura
di Colonia*, t. 194, f. 215 è una lettera del Maillot, con una risposta (f. 217)
del 28 ottobre 1778, che informa degli elogi fattine dal Garampi e dal cardinale Leonardo Antonelli. Si ha di lui una *Notice de la vie et des ouvrages*
del « La Fontaine latino » Francesco Giuseppe Terrasse Desbillons (n. 8
gennaio 1711 † 17 marzo 1789; v. SOMMERVOGEL, op. cit., II, 1946-1953),
Strasbourg 1790 : nel titolo egli si appella « Commandeur de l'Ordre de
Malte, Conseiller privé et chef des bibliothèques » di Carlo Teodoro. Non
ho creduto di estendere ulteriormente le ricerche intorno a lui, che potrà
interessare altri.

[3] Minuta nel *Fondo Garampi*, t. 287, n°. 21 e anche in *Nunziatura di
Vienna*, t. 189, ff. 117 s.; là segue, sempre di mano del Garampi: « Il resto
vedi in Graser ». Il Graser Giambattista (non però lo strano pedagogista,
sul quale cfr. *Lexikon für Theologie und Kirche*, IV, 648 s., ma quello, di
cui passando per Rovereto il Garampi seppe che nelle mani di lui erano pas-
sate le carte del Tartarotti e che era « stato destinato pubblico bibliotecario
in Inspruch, ove passerà quanto prima »: PALMIERI, *Viaggio* cit. 14: era
nato il 2 aprile 1718 e morì nel 1786; v. C. v. WURZBACH, *Biograph. Lexikon
des Kaiserthums Oesterreich*, V, Wien 1859, 309 s. e F. PASINI, *Un profes-
sore trentino all'università di Innsbruck*, in *Tridentum* II [1899], 277-285)
era un corrispondente tirolese del Garampi: non ho trovato fra ciò che lo

che i Fasti della Chiesa Le debbono saper buon grado della continuazione di un'opera, che onora ugualmente il nostro secolo, e la Religione.... »[1].

Finalmente il Garampi poteva tutto lieto comunicare che le cose erano sistemate per la continuazione dell'opera bollandiana:

9.

[19. II. 1778]

« E.mo e R.mo Sig.re Sig.re Padrone Colendissimo
.... L'affare dei Bollandisti è compiutamente finito a loro e nostra soddisfazione. Quegli stessi che ci lavoravano, sono stati collocati nel Monastero di Monte Freddo [1] di Canonici Regolari in Brusselles, con appartamento, tavola e cantina separata dalla Comunità. Oltre al vitto e mobiglio che sarà fornito a spese della Corte, e oltre alla pensione che godono come ex-Gesuiti, ciascuno di essi avrà dalla Regia Camera 800 Fiorini l'anno di assegnamento, e dividerà col Monastero a metà tutti gli utili da ricavarsi dallo spaccio dei volumi che pubblicheranno. La stampa se ne farà nella Biblioteca Regia per il puro costo. Il P. Abbate darà loro due o più giovani Canonici da instruire e da abilitare, per succedere di poi alla continuazione dell'Opera. Sarà trasferita nel Monastero tutta la Biblioteca coi Manuscritti e carte raccolte dai Socj Bollandiani....

Di V. E.   Vienna 19 Febbraio 1778 »[2]:

riguarda nel *Fondo Garampi* cosa che si riferisca ai Bollandisti. — « Audivi inter os atque offam multa intervenire posse », così M. Porcio Catone il Censore in un frammento d'una sua orazione (M. CATONIS *praeter librum de re rustica quae supersunt.* H. IORDAN rec., Lipsiae 1860, 67, n°. LXV: ove si nota che Vincenzo Bellovacense attribuisce il detto a Varrone) riportato da A. GELLIO nel cap. 18(17) del libro XIII dei suoi *Noctium Atticarum libri XX* (ed. C. HOSIUS, Lipsiae 1903, II, 74 s.). Per l'origine del proverbio v. V. DE-VIT, *Totius latinitatis onomasticon,* I, Prati 1859-1867, 288 sotto *Ancaeus* (riprodotto in *Onomasticon totius latinitatis* del PERIN, Patavii 1913, 116). — Non ho trovato la lettera, a cui rispose con questa il Garampi.

[1] Minuta in *Nunziatura di Germania,* t. 665, f. 205.
[1] Versione italiana del toponomastico fiammingo « Caudenberg ».
[2] *Nunziatura di Germania,* t. 396, ff. 213 s.; la sola firma è autografa. E' anche in *Nunziatura di Vienna,* t. 177, f. 73.

e riceveva la consolante approvazione per quanto aveva fatto, in questi termini:

10.

« A Monsignor Nunzio in Vienna
7 marzo 1778.

Accolta con segni di particolar gradimento è stata la diligenza di V. S. Ill.ma nel ragguagliarci delle novità di coteste parti pel suo dispaccio dei 19 dello scaduto. In modo singolare però si è la Santità Sua compiaciuta d'intendere le providenze, che sono state date a comodo dei Socj autori della grand'opera di Bollando, i quali era ben desiderabile, che fossero messi in grado di poterla continuare e compire...»[1].

* * *

Mentre trattava colla corte di Vienna, il Garampi teneva informato dello svolgimento delle pratiche l'antico capo dei Bollandisti, Cornelio de Bye, ch'egli aveva imparato a conoscere fin dal 1762[1]. Debbono essere andate perdute le lettere del bollandista al nunzio (due sono ricordate nel n° 14): di questi al de Bye si sono fortunatamente salvate, con quella già data al n° 7, altre cinque lettere esistenti in minute autografe del Garampi in *Fondo Garampi*, t. 287, n¹ 22-26 e in copia nel t. 189 della *Nunziatura di Vienna*, pp. 181 s., 249, 304, ma qui solo le prime tre. E' ammirevole in tutte la prudenza, il buon senso e la sollecitudine del nunzio per l'opera. Importanti poi sono le notizie, che confermano e completano quelle date dal Gachard.

---

[1] Minuta in *Nunziatura di Germania*, tt. 669-671, f. 36. E' anche nel t. 666, f. 138.

[1] *Viaggio* ecc. cit., edito dal PALMIERI, 217.

11.

[11. XII. 1776]

« Si je ne puis pas encore Vous assurer Mr que le sort de l'affaire en question soit entierement decidé, je ne veux pas cependant Vous laisser ignorer, que les dispositions n'en peuvent etre plus favorables de ce qu'elles le sont. Rien doit etre diminué ou distrait des fonds, qui ont jusqu'à cette heure appartenu à l'ouvrage Bollandien; l'ouvrage devra etre continué, et Vous et vos collegues en seront chargés preferablement à tout autre, et nommement à l'Academie en question. Mais pour arrenger tout cela en detail et definitivement, l'on attend encore la dessûs le projet, que de la part de Vous et de vos collegues sera proposé, aussi bien pour l'administration economique, que pour la direction literaire de l'ouvrage.

Il faut donc, a ce qu'il me semble, que Vous Vous accordièz ensemble au sujet d'un tel projet; si Vous aimèz de vivre reunis, ou separés? quel pourroit etre l'endroit ou l'on placera la Bibliothèque, et la Tipographie? qui devra dresser les applications des associèz, et de qui devront dependre dans leurs etudes et dans leur travail? comment faira-t'-on pour choisir et entretenir des nouveaux elèves, qui s'habilitent a poursuivre l'ouvrage apres votre decès? a qui aimera-t'-on de donner les comptes de la depense et de la recette? a qui de recourir dans les differents besoins ou literaires ou economiques, ou de toute autre espece.

Enfin arrangèz un plan clair, et bien detaillé, mais bref et court, en moins de mots, qu'il soit possible. L'on à içi les meilleurs dispositions a votre egard; mais l'on veut applanir dés à présent toutes les difficultés, qui pourroient survenir ensuite, et troubler l'execution des ordres de S. M., et donner içi des nouveaux embarras.

L'on aimera encore d'entendre en combien d'années Vous jugeréz de pouvoir mettre sous presse le premier et les suivants volumes; et si Vous etes dans le dessein de suivre exactement la methode de l'ouvrage telle qu'elle a eté jusqu'a cette heure, ou d'y faire quelque changement.

Il me semble que l'on aimerait que Vous Vous placiéz dans quelque Abbaïe, ou l'on pût avoir la commodité de choisir des jeuns gens pour les elever au meme travail. Je ne comprends pas, pourquoi l'on ne puisse continuer a demeurer dans la meme maison, ou l'on a travaillé jusqu'a cette heure, et sur le meme pied et meme plan, et fixer une somme suffisante à l'honnete entretien des jeunes gens à l'elever pour l'ouvrage.

Vous voyéz M^r. que je Vous etale avec ouverture de coeur toutes mes pensées, egalement que celles des autres. Je n'ai d'autre but, et rien m'empresse plus, que de Vous servir, et de rendre à l'Eglise et au Public un service si important comme l'est celui de la continuation de votre ouvrage. Au reste je me confie totalement à vos droitures et a celles de vos collegues; et je suis etc. ».

12.

[24. II. 1777]

« Je viens de decouvrir, que l'on â deja, depuis quelque tems, ordonné au Gouvernement des Païs Bas de faire des questions aux çi-devant Bollandistes, pour arranger un Plan capable a faire continuer l'ouvrage. L'on me suppose, que deja dès à cette heure, l'on vous aura questionnés. Je voudrois, que la chose ne fut pas encore faite, pour etre à tems de vous prevenir au sujet des maximes, dans les queles le Ministere d'içi va marcher pour à present.

L'on faira tout le possible pour placer l'ouvrage dans un quelque Couvent, ou il y ait l'edifice et les commodités convenables; et l'on y transportera la Bibliothèque Bollandienne. Pas de Convict ou d'autres maisons, sur les queles l'on â deja des autres vues, et l'entretien des queles couteroit. Or sur cet article je voudrois, que vous vous montriéz indifferents; c'est a dire, que pourvû que la Cour trouve Elle un Couvent, ou vous autres y puissiéz vivre tranquilles et avec les aisances necessaires au travail, vous etes pretes a l'obeïr.

Pour la pension de votre entretien, votre demande n'est que fort discrete: mais ne parlez pas d'administration des capitaux çi-devant appartenants aux Bollandistes. Laisséz à la Cour le soin de fixer les fonds, sur les queles elle assignera, aussi bien les dits entretiens, que toute autre depense necessaire à l'ouvrage.

Pas un mot au sujet de l'Imprimerie a retenir chèz vous. L'on est trop jaloux à ce sujet. Laissèz pour cette heure cela comme bon leurs semblera. Apréz que vous seréz tous retablis et placés à l'ouvrage, et que l'on sera en etat de le mettre sous presse, c'est alhors que vous pourréz exposer içi les genes et les pertes du tems, que l'on souffriroit; et alhors peutetre l'on pourra obtenir la permission, que de l'Imprimerie Royale de Bruxelles l'on envoïe sur le lieu quelques ouvriers avec les caracteres et les presses, pour l'execution.

Enfin tachéz d'ecarter tout sujet au quel le Gouvernement puisse s'appüier pour detourner les bonnes dispositions, que cette Cour à pour la continuation de l'ouvrage, et pour tous vous autres. Tachons d'acheminer le mieux que l'on peut a cette heure la chose sans heurter particulierement avec des personnes, qui n'ont pas asséz d'idée de votre travail, ou qui voudroient detourner a des autres usages vos depouilles. Faisant chemin tempus et dies pourvoïeront au reste.

Je suis extremement faché de voir combien de peines il faut se donner pour une chose si necessaire, si utile, et si facile. Mais ne nous decourageons pas pour cela. Hier je vins de sonder et d'appercevoir ce que je me donne l'honneur de vous avertir en secret. Je ne vous repete pas les reflexions, que j'ai opposées. D'apréz celles, que vous m'aviéz communiquées, et que la chose meme me fournissoit, je n'ai pas manqué de les pousser avec tout l'empressement; mais n'esperéz pas que l'on demorde (au moins pour à cette heure) des maximes etablies. Je suis cependant etc. ».

13.

[30. IV. 1777]

« Si je n'etois assuré de toutes les dispositions, que j'ai eu l'honneur de vous marquer par mes precedentes, et qui sont içi encore sur le meme pied, je serois tombé dans le desespoir en entendant ce que vous me marquez qu'il vienne d'arriver à Bruxelles. L'on ignore içi absolument ce que soit ce transport de papiers ou de manuscrits, que vous m'annoncéz. J'en ai pris donc ocasion de representer de plus en plus, qu'il faut agir d'un ton plus decidé. On me le fait esperer en tems et lieu. J'ai l'honneur de vous en avertir, afin que tels allarmes ne viennent de diminuer la patience et l'espoir, dont l'on doit etre animé à cet egard ».

* * *

Il de Bye e soci s'erano installati all'abbazia di Caudenberg, ove non tutto era disposto come occorreva, ed ecco il Garampi a confortare l'amico.

14.

[19. I. 1780]

« Me voila enfin de retour de mon voyage de l'Italie, que j'entrepris pour aller visiter mon diocese, ou j'ai demeuré pendant cinq mois avec beaucoup de consolation spirituelle.

M^r. le Co. Caleppi [1] m'acconça dejà à son temps le *Prospectus* [2] que vous aviéz eû la bonté de m'envoyer le 7e mai : et à cette heure mon coeur rejallit de joïe, voyant par cette piece, et par vos lettres du 7e mai et de l'8 du courant, que le travail va deja son train, et que si l'on n'a pas encore toutes les aisances, dont vous avec vos dignes collegues jouissièz à Anvers, ce pendant en quelque façon vous avéz ce qui Vous [est] le plus necessaire pour acheminer la continuation du grand ouvrage. J'espere qu'à l'issue du volume que vous publieréz et des autres, qui vous meriteront l'approbation publique, l'on se relachera encore plus des soubçons et des duretés, que vous avéz essuyées jusqu'à cette heure. Il est bien desagreable, et c'est à grande perte de tems egalement que du travail, que de devoir aller chercher les livres, dont l'ont â besoin, hors de chézsoi. Alhors l'ouvrage s'arrete de tems en tems, l'on interrompe l'application, l'ennui et les incommodités augmentent jusqu'à devenir insoutenables.

---

[1] V. la n. 1 al n°. 7 di questa parte.
[2] Sarà del tomo IV d'ottobre delle *Acta Sanctorum*, che uscì nel 1780.

Je vous remercie du souvenir du Recueil *Apologiae Papebrochii*[3], dont j'avois eté prié par un ami. En cas qu'il n'en ait trouvé ailleurs ou qu'il ne se soit pourvu de l'edition de Venise, je ne manquerai pas de profiter de vos graces. Il me semble aussi que la Bibliothèque de Melk[4] manque du *Propylaeum*. Je vous en donnerai avis depuis.

Ils manquent aux derniers volumes de l'ouvrage Bollandien chéz un de mes amis, les Portraits[5] 1° de Marie Caroline Reine de Naples 2° de Marianne l'Archiduchesse 3° du P. Jean Stilting 4° du P. Jean Perier[6]. Seroit-il possible de les suppléer?

Je vous fais mes plus vifs remercimens pour les peines que vous vous etes données dans la vente des Bibliothèques des Jesuites[7], a fin de me procurer en grande partie les livres que je souhaitois[8]. Je n'ai pas eu la consolation de les voir et d'en jouir, etant arrivés à mon diocese quelque semaine après mon depart. Cependant je n'en ai pas moins de joïe, eû regard à l'acquisition de plusieurs, qui m'etaient necessaires a suppléer differentes classes. Je conçois aisement combien de peines cette acquisition doit vous avoir coutées. Ainsi vous pourréz aussi comprendre, queles sont mes obligations et combien j'en sens le poid.

---

[3] V. la correzione nella lettera 15 e per l'opera qui presa in considerazione v. la lettera 9 in I.

[4] La celebre abbazia nella Bassa Austria con importante Biblioteca ed Archivio: *Lexikon für Theologie und Kirche*, VII, 70 s.

[5] Il secondo ornava il tomo I di settembre (1746), gli altri il tomo I d'ottobre (1765) delle *Acta Sanctorum*.

[6] Giovanni Périer, Bollandista, n. a Courtrai 29 agosto 1711, † ad Anversa 23 giugno 1762; SOMMERVOGEL, op. cit., VI, 533; *Biographie Nationale*, XVII, 20 s.

[7] « Les bibliothèques des Jésuites renfermaient de quatre à cinq cent mille volumes...»; fatte riserve per la biblioteca reale e per le scuole e pensionati, il resto, sotto la direzione dell'uditore della camera dei conti Gérard, fu venduto, fruttando circa 110.000 fiorini. BONENFANT, op. cit., 141-143.

[8] Appassionato dei libri, il Garampi aveva messo insieme una ragguardevole biblioteca, che nel *Catalogus* per la vendita compilato da M. DE ROMANIS, Romae 1796 (cinque volumi), abbraccia 16630 numeri: nel *Fondo Garampi* si trova molta corrispondenza con librai e note su acquisti di libri. Le relazioni del Garampi col libraio Kribber di Utrecht furono illustrate da J. D. M. CORNELISSEN in *Archief voor Geschiedenis van het Aartsbisdom Utrecht*, LIII (1929), 194-250.

Est-ce que dans le volume au quel vous travailléz [9] à cette heure, il sera traité de S. Gaudence eveque de Rimini au 14me d'Octobre?

Assurez, je vous en prie, de mes respects Mess. vos Collegues et le digne Prelat, qui â le bonheur de vous posseder [10]. Puisque je vous ai montrée ma bonne volonté pour que l'ouvrage Bollandien ne fût point suspendû, je vous offre mes services aussi à l'avenir, s'il arrive que je puisse etre en etat de vous fournir aussi de notices utiles à la continuation du travail, ou m'employer à des recherches qui vous soient necessaires ».

15.

[16. VIII. 1780]

« Il y a bien long tems depuis, que nous sommes dans le silence, faute de matière propre à nourrir notre correspondance. Mais j'espere, que votre coeur sera toujours le meme envers moi, comme il en est du mien vis a vis de vous. Voila, M^r, une preuve de ma confiance dans votre amitié. Vous m'en avéz donnée une de la votre, à l'occasion de la vente des Bibliothéques des Jesuites en 7bre 1778. Voila, que je vous en demande une nouvelle pour une autre vente qui va commencer le 4me septembre prochain [dà le indicazioni in proposito]. L'ouvrage dont je vous avois parlé da[ns] ma lettre du 19 janvier est intitulé non pas *Apologiae*, mais *Responsiones Papebrochii* [1], recueillies et dediées a Benoit XIV en

---

[9] Il tomo VI d'ottobre delle *Acta Sanctorum* uscirà a Tongerloo nel 1794: ivi 467-473 le *Acta fabulosa* di S. Gaudenzio di Rimini. Il commentario, 458-467, non è del de Bye, ma di S. van Dijck (Dyckius), dell'abbazia di Tongerloo, n. 10 novembre 1758, † 1830, sul quale v. LAMY, *L'Oeuvre des bollandistes* cit., III, 169 s., 287 s., 291. Per S. Gaudenzio v. *Bibliotheca hagiographica latina,* Bruxellis 1898, 490 e Supplementum², Bruxellis 1901, 140 e specialmente F. LANZONI, *Le diocesi d'Italia (Studi e testi della Biblioteca Vaticana* n°. 35), 2ª. ed., Faenza 1927, 707-711.

[10] Egidio Giuseppe Warnots, abbate di Caudenberg, n. in Bruxelles 14 gennaio 1722, morto ivi nel febbraio 1783; *Biographie Nationale,* XXVII, 90-93.

[1] V. la lettera precedente e quella dello Zaccaria al n°. 9 di I.

un vol. in folio. Or ces *Responsiones* et le *Propylaeum ad Acta SS. Maj*² pour la Bibliothèque de Melk, j'aurai besoin de les faire venir içi...».

* * *

Per gli anni 1781-1784 non ho trovato finora traccia alcuna di corrispondenza tra il Garampi e i Bollandisti, ma la elevazione del primo a cardinale ruppe l'alto sonno (se vi fu) e il de Bye, riconoscente per l'opera svolta dal nunzio a favore della continuazione delle *Acta,* gli scrive le proprie felicitazioni, lo informa dei lavori attorno alle *Acta* e delle condizioni non buone di sua salute, e non contento della nomina fatta a bollandista del benedettino Berthod, ne parla a lungo, chiudendo colla melanconica osservazione che se si fosse previsto che le *Acta* potevano cadere « en des mauvaises mains », nel qual caso ci sarebbero occasioni « de faire des sorties contre l'église et le Pape », forse sarebbe stato meglio « que nous n'eussions jamais demandé à continuer notre ouvrage ». E' lettera, questa, molto importante, che conferma e completa — come ne viene confermata e completata — le comunicazioni di Dom Berlière (v. sotto).

16.

[26. III. 1785]

«   Monseigneur,

Quoiqu'il y ait deja quelque têms, que j'ai attendu la promotion de Votre Eminence, je n'ai pas encore trouvé à propos de lui en faire des complimens de felicitation, parce qu'ayant appris de plusieurs, qu'elle alloit assurement au plutôt partir de Vienne, j'ai pensé, que ma¹ lettre ne l'y auroit pas trouvée, et que pour cette raison il valoit mieux de ne m'acquiter de ce devoir, qu'après avoir appris, qu'elle seroit arrivée à Rome ; mais sçachant maintenant, que Votre Eminence est encore à Vienne et qu'à toute apparence ma lettre l'y trouvera encore, je m'empresse de la feliciter par celle-ci au sujet de l'eminente dignité, à la quelle nostre Saint Pere

---

² Uscito nel 1688.
¹ Nell'originale : « m'a » !

le Pape vient de l'elever. Je ne manquerai pas d'adresser au tout-puissant des voeux, pour qu'il daigne encore long-têms la conserver en cette vie, en la comblant de ses benedictions célestes. C'est ce que je souhaite de tout mon coeur non seulement à cause des obligations, que nous avons à Votre Eminence, mais aussi parceque je crois, que cela tournera assurement au plus grand avantage de l'Eglise. Les qualités, que je lui connois, ne me permettent pas d'en douter. Aussi ose-je esperer, que la conservation de Vos pretieux jours ne nous sera pas moins utile à Rome, qu'elle n'ait été à Vienne. Votre Eminence sera à même d'y rendre de grands services à notre ouvrage. Elle desire sans doute de sçavoir où il en est; c'est pourquoi je prends à cette occasion la liberté de lui en écrire ce qui suit. Le tome [1], qui en est maintenant sous presse, doit selon la volonté de l'empereur etre dedié à l'archiduc François [2]. Nous en attendons journellement le portrait de Vienne, et dès qu'il aura été gravé, nous pensons, que le tome sera en état d'etre publié [3]; mais je pense, que ce sera le dernier, auquel j'aurai travaillé [4]. Depuis la derniere maladie, dont j'ai été attaqué, je ne fais, que languir, et je puis dire sans la moindre exaggeration qu'à peine je me porte quelque fois deux jours de suite, comme il faut, etant pour l'ordinaire presque journellement incommodé des douleurs tres aigues, que je souffre tantôt dans l'une, tantôt dans l'autre partie du corps, et quelques remedes que je prenne, je ne m'en trouve que très-peu soulagé; de sorte que si cet état, dans lequel je me trouve, se continue, je me trouverai obligé de demander ma retraite, dès que le tome, maintenant fort-avancé, aura été mis au jour. J'aurois bien voulu, que pour me

---

[1] Il V del mese di ottobre, che uscirà nel 1786.

[2] Figlio maggiore del futuro imperatore Leopoldo II, n. 12 febbraio 1768, † primo imperatore d'Austria 2 marzo 1835; v. ad es. *Allgemeine deutsche Biographie*, VII, Leipzig 1878, 285-290; *Enciclopedia italiana*, XV, 849 s.

[3] Il tomo uscì senza il ritratto — altra taccagneria dell'imperatore sagrestano, che ha trovato da dire anche sulla dedica al nipote: GACHARD, l. c., 458.

[4] Quanto qui dice sulla sua salute il de Bye, che tanto si era adoperato per salvare il salvabile al fine di assicurare la continuazione dell'opera bollandiana, spiega il lievissimo suo contributo al tomo, di cui parla, ed anche il tono di altre sue lettere: v. LAMY, *L'oeuvre* ecc., III, 167-169; BERLIÈRE, v. sotto.

remplacer on nous eût donné le compagnon, que nous avions demandé[5]. C'étoit un homme très-instruit et très-capable de continuer notre ouvrage avec honneur et avec la plus grande satisfaction du public. Il se connoit parfaitement à l'histoire et à la critique, il scait en perfection le grec et le latin, et puisqu'il est ex-jesuite et qu'en cette qualité il a de Sa Majesté une pension de 360 florins, il n'auroit fallu y ajouter que 440 florins pour egaler sa pension à celle de 800 florins, que chacun des Bollandistes a de Sa Majesté en qualité d'ex-jesuite et de Bollandiste ensemble; mais on a, malgré tout cela, preferé de nous donner pour compagnon un français etrenger[6] et de lui donner une pension de 800 florins et par consequent 360 florins plus qu'il n'auroit donné a l'ex-jesuite sujet né de Sa Majesté. Encore cela seroit-il assez tolerable, si cet etrenger-la avoit les qualités, qu'on lui a attribuées. On l'avoit fait passer pour un sçavant du premier ordre; à les en ecrire il avoit déjà publié plusieurs ouvrages de sa composition, il avoit fait nombre de memoires pleines d'erudition, il étoit versé dans la critique on n'en scauroit plus, il scavoit le latin en perfection et a tout cela il ajoutoit une connoissance consommée de l'histoire tant ecclesiastique, que civile, enfin c'etoit l'homme, qui dans un degré superieur possedoit tous les talens requis pour travailler avec le succès le plus complet à la continuation de notre ouvrage; mais il s'en faut bien que de toutes ces belles choses, qu'on a dites de lui, la quatrieme partie en soit vraie. Il devoit sçavoir le grec et n'en scait point du tout et étant deja agé de 54 ans il y a peu d'apparence qu'il puisse jamais l'apprendre; sa connoissance de l'histoire, soit ecclesiastique soit civile, n'a rien d'extraordinaire, il n'a jamais, comme il avoue lui-même, publié le moindre ouvrage de sa composition et comment se pourroit-il, qu'il l'eut fait, puisqu'il ne connoissoit pas même la façon de corriger les preuves d'impression. Sa critique, comme l'experience me l'a appris, n'est point des plus fines, et s'il a fait deux memoires, pré-

---

[5] Non ho potuto stabilire chi fosse l'ex-Gesuita preferito dal de Bye.
[6] Anselmo Berthod, della Congregazione di St. Vanne, n. a Rupt nella Franca Contea 21 febbraio 1733, gran priore di Luxeuil nel 1782, † 19 marzo 1788. Su di lui v. l'importantissimo articolo di U. BERLIÈRE, *Dom Anselme Berthod bollandiste,* in *Revue Bénédictine,* XVI (1899), 193-209, ove 203 s. la nota delle piccole contribuzioni del Berthod alle *Acta*: v. pure *Dictionnaire d'hist. et de géogr. ecclés.* cit., VIII, 957 s.

sentés à l'academie de Besançon, comme l'on dit, je doute fort, si
l'erudition y a brillé. Quant a sa connoissance du Latin, elle est,
pour ne rien dire de pis, extremement bornée et je n'ai presque encore vu aucune piece de sa composition, qui fût exempte de toute
faute contre la syntaxe et la grammaire. Mais cela n'est encore rien :
comme ancien de notre corps j'ai du faire la revision des pieces,
qu'il avoit faites, et je les ai toutes trouvées si mal cousues, que
je ne juge pas qu'aucune en puisse etre publiée. Voila, Monseigneur,
l'adjoint qu'on nous a donné et encore ne pouvons nous pas nous
en plaindre. On diroit, que nous sommes des calomniateurs et que
c'êst par envie, que nous parlons. Nous aurions beau d'en appeller
aux pieces de notre homme, qui en pourra porter un jugement
equitable et qui même pourrions nous prendre pour juges en cette
matiere? On ne nous en donneroit la permission, et l'on ne nous
en donneroit que des suspects. Parmi ceux-la seroit peut-etre Monsieur Nelis, recemment fait evêque d'Anvers [7], qui a le plus contribué à nous procurer ce beau présent. J'ai fait voir à notre nouvel
adjoint, que les pieces, qu'il m'a présentées, n'etoient point faites,
comme elles devoient l'etre; il m'a repondu, qu'il lui falloit du
têms pour se former, et puisqu'il est docile et qu'il etudie beaucoup,
peut-etre pourra-t-il encore après quelque têms reussir à travailler à notre ouvrage de la façon qu'il convient. Au reste nous ne
pouvons assez nous étonner de ce que ce benedictin, nommé don

---

[7] Cornelio Francesco de Nélis, n. a Malines 5 giugno 1736, † in Italia a
Camaldoli 21 agosto 1798, Vescovo d'Anversa, 14 febbraio 1785; *Biographie
Nationale*, XV, 568-583; v. il processo informativo presso L. JADIN, *Procès
d'information pour la nomination des évêques* etc. 3e partie, in *Bulletin de
l'Institut historique Belge de Rome*, XI (1931), 298-302. S'era egli adoperato
per assicurare la vita alle *Analecta Belgica* (v. GACHARD, l. c., 449 ss.) e s'a-
doprerà per il passaggio dei Bollandisti a Tongerloo (LAMY, *Les conditions*
ecc., 485; *L'oeuvre* ecc., II, 305, 379 ss.). Cinque sue lettere al Garampi ancora *in minoribus*, 1763-1769, furono pubblicate da C. DE CLERCQ, in *Bulletin*
cit., XIII (1933), 193-204. E' degna di nota la sua relazione col celebre ti-
pografo Bodoni, presso il quale nel 1795 e 1796 stampò alcuni suoi lavori:
v. [G. DE LAMA,] *Vita del cav. Giambatt. Bodoni... e catalogo cronologico
delle sue edizioni*, II, Parma 1816, 104, 110-112, 116 s. e H. C. BROOKS, *Com-
pendiosa bibliografia di edizioni bodoniane*, Firenze 1927, nⁱ. 589, 609, 638-
640, pp. 109, 112, 117 s. Presso A. BOSELLI, *Il carteggio Bodoniano della
Palatina di Parma*, in *Archivio storico per le province Parmensi*, nuova
serie, XIII (1913), 157-287, sono indicate 62 lettere di lui (anni 1794-1796)
al Bodoni; p. 204.

Bertaut, étant superieur de l'abbaïe de Luxeul de sa Congregation de S. Vannes, ait voulu quitter cette place pour se faire Bollandiste. Nous y soupçonnons du mystere. Il y en a qui disent, qu'il ne s'accordoit pas trop-bien avec tous les sujets. D'autres prétendent, que les puissans amis, qui le protegent ici, l'y ont attiré. Quoiqu'il en soit, il y est, et Dieu fasse, que notre ouvrage ne tombe enfin en des mauvaises mains. En ce cas on pourroit y avoir bien des occasions de faire des sorties contre l'eglise et le Pape. Si l'on avoir prevu ce danger, peut-etre auroit-il mieux valu, qu'après la suppression de la compagnie nous n'eussions jamais demandé à continuer notre ouvrage; mais nous avons pensé de bien faire et Votre Eminence l'a également pensé en y contribuant. Nous l'en remercions derechef, et en faisant ceci au nom du corps, dont je suis, j'ai l'honneur de me dire en particulier avec le devouement le plus sincere et l'estime la plus haute,

Monseigneur,
de Votre Eminence

Bruxelles 26 Mars 1785.

Le très-humble et le très obeissant serviteur
Corneille de Bye Bollandiste ».

Fondo Garampi, t. 114, fasc. K; autografa. Il Garampi annotò « R(isposto) 5 apr. 85 », ma non s'è trovata la relativa minuta.

* * *

Seguono cinque anni, nei quali pure non ho trovato alcuna corrispondenza: l'abbazia di Tongerloo ha assunto col personale superstite la continuazione delle *Acta Sanctorum* e delle *Analecta Belgica* ed il Garampi, che aveva felicitato l'abbate per la conclusione dell'importante affare [1], si fa vivo nuovamente colle seguenti lettere al Ghesquière (n°. 17) e al Bye (n°. 18), a una cui lettera non trovata risponde.

---

[1] Il LAMY, *L'oeuvre* ecc. cit., III, 156 ricorda la lettera del Garampi pubblicata dal FELLER nel suo *Journal historique et littéraire*.

17.

[28. VII. 1790]

« Ricevuti da me i consueti tre esemplari del 5° tomo Acta SS. Belgii [1]. Godo nel vedere la continuazione di un'opera così interessante tanto per la storia particolare di codeste contrade, quanto per l'universale della Chiesa. Io secondo il solito ho voluto scorrere anche questo tomo. Soglio trapassare i commentarj e atti già altrove e precedentemente pubblicati, e all'incontro leggere con attenzione le nuove lucubrazioni sì di Lei che del suo degno collega ab. Smet [2], che pregola di riverire, non che i nuovi atti o documenti che da essi produconsi a luce.

Insigne truovo il trattato sulla origine e sull'instituto delle Beghine; singolari le osservazioni diplomatiche relative al culto di S. Gudila e così anche le illustrazioni sui SS. Tillone, Bertuino, Bertulfo etc. In una parola tutto quello che si aggiugne e s'illustra di nuovo dai due colleghi merita certamente e la curiosità e l'attenzione degli eruditi.

Godo ch'ella dia mano nello stesso tempo anche all'Opera Bollandiana. Pregola de' miei saluti anche a questi degnissimi e infaticabili soggetti. L'Ab. de Bye mi scrisse già che aveva in ordine un Propileo del Papebrochio ad Acta SS. Maj, di cui ho veramente bisogno. Pregolo a farlo ricapitare a Mr. Zondedari [3] prima che questo sia per partire o per spedir le robe sue da Liegi.

Ho sentito che il Le Plat abbia stampata una collezione di documenti per servire alla storia del Concilio di Trento [4]. Siccome

---

[1] Le *Acta Sanctorum Belgii* erano una parte del progetto formulato per le *Analecta Belgica*, di cui era incaricato il Ghesquière. Ne uscirono 6 volumi, Bruxellis 1782-1789, i primi cinque, e Tongerloae 1794 il sesto.

[2] V. la n. 11 alle notizie preliminari di II.

[3] Zondadari Antonio Felice, n. in Siena 14 gennaio 1740, nunzio a Bruxelles nel 1785, creato cardinale 23 febbraio 1801, † 13 aprile 1823: MORONI, *Dizionario* ecc. cit., CIII, 480-482 e v. il vol. XVI, parte 3 del v. PASTOR.

[4] J. LE PLAT, *Monumentorum ad historiam Concilii Tridentini... spectantium collectio,* sette volumi, Lovanii 1781-1787. Il Le Plat nacque a Malines 18 novembre 1732 e morì a Coblenza 6 agosto 1810: *Biographie Nationale*, XI, 877-881 e v. HURTER, *Nomenclator* ecc. cit., V, 807 s.

non conosciamo qui una tale collezione, per quanto possa essere o sospetta o maligna, giusta l'intenzione dell'autore, nondimeno vorrei acquistarla: e se truovasi facilmente venale, pregola di provvederla a mio conto, e di farla tenere a Monsignore suddetto.

Vedo farsi meritamente grand'uso nella di Lei opera del Chron. Cameracense di Baldrico[5]. So che tal libro non è facilmente reperibile e giacchè non è mai stato ristampato, bramerei di possederlo. Se mai capitasse in qualche vendita di azzardo, purchè non ecceda la spesa di 6 o 7 fiorini di Brabante, pregola di provvedermelo.

[Segue la versione francese, d'altra mano, ma con correzioni autografe del Garampi, che aggiunge]

En voici assez et pour vous remercier de votre souvenir et pour vous importuner de rechef. Je ne sçaurois cepourtant pas vous assez exprimer l'attachement et l'estime, avec la quelle j'ai l'honneur d'etre etc. ».

Fondo Garampi, t. 281, n°. 23: minuta autografa del Garampi.

18.

[Corneto 24. IV. 1790]

« Vous savez, Monseigneur, l'interet bien vif que j'ai toujours pris à la continuation de vôtre ouvrage, ainsi je ne pouvois en recevoir des nouvelles plus agreables, que celles que Vous venez de me donner par votre lettre du 20 mars passé. Aux remerciements bien sincers que je Vous en fais repond parfaitement le plaisir que j'ai essujé à apprendre que Mr. de Bue et Mr. Guesquière se sont unis avec Vous pour le continuer. Que je les estime tous les deux et que je vous prie de leurs faire bien de compliments de ma part.

---

[5] Per questo *Chronicon* detto pure *Gesta episcoporum Cenomanensium*, molto usato nelle *Acta Sanctorum Belgii*, v. A. POTTHAST, *Bibliotheca historica medii aevi*, I, Berolini 1896, 514 s.; E. MOLINIER, *Les sources de l'histoire de France*, II, Parìs 1902, 161 s. e specialmente M. MANITIUS, *Geschichte der lateinischen Literatur des Mittelalters*, II, München 1923, 337-347.

La nouvelle de l'accueil, qui vous a eté fait par Mr. Heylen [1] et qu'avec vôs livres vous aijez trouvé dans votre nouveau sejour deûx sujets capables de vous aider dans vos travaux, et de vous succeder un jour, a mis mon plaisir à son comble. Qu'il doit etre bien interessant de se trouver parmis vous, et bien doux de partager vôs occupations aussi utiles et glorieuses.

En attendant puisque vous m'assurez, Monsieur, de vouloir bien vous donner la peine de me fournir un Propylaeum Maij à Monseigneur Zondadari, je vous prie de vouloir le remettre aussitôt que vous l'aurez trouvé, et de vous en faire defrayer, comme je lui en ecris aujourdhui même.

Je vous souhaite ardemment toute la tranquillité, l'aisance, le bonheur possible pour que vous pouviez poûsser vivêment vôtre ouvrage; et je vous assure que vous me fairez un vrai cadeau toute fois que vous m'en fournirez des nouvelles.

Je n'ai point encore reçu les trois exemplaires du cinquieme volume des *Acta Sanctorum Belgii,* que Mr. Guesquière dans une lettre du 19 Mai 1789 m'ecrit de m'avoir envoyés.

En attendant soyez assuré de la parfaite estime avec la quelle je suis ».

Fondo Garampi, t. 277, n°. 185. Non è di mano del Garampi.

* * *

L'Archivio Vaticano non dà nulla per l'anno 1791, nè conserva la minuta della lettera del Garampi in data 15 febbraio 1792 ricordata nelle seguenti 19 e 20, che ci conducono alla primavera dell'anno di morte del cardinale. L'abbazia di Tongerloo, rifugio del bollandismo, soffre noie dal governo per il patriottismo dimostrato nella rivoluzione del 1789-90: non c'è tranquillità ed anzi il 20 gennaio 1792 se ne chiude la tipografia, dalla quale doveva uscire il VI tomo delle *Acta Sanctorum Belgii* — resterà chiusa fino al novembre, fino alla prima entrata dei Francesi — [1]: il Ghesquière ne informa il Garampi, il quale risponde con due lettere che di-

---

[1] Adriano Heylen, n. nel 1745, † a Roma nel 1802, archivista dell'abbazia di Tongerloo, che molto s'era adoperato per il passaggio dell'opera bollandiana a Tongerloo: v. gli articoli del LAMY.

[1] V. LAMY, *L'oeuvre* ecc. cit., III, 174-178, 284-286; DELEHAYE, *A travers* ecc., 179.

mostrano il grande suo interessamento perchè l'antico bollandista potesse ottenere una prebenda. Fino all'ultimo respiro (morì il 4 maggio seguente) il grande cardinale fu fedele, affezionato amico dell'opera bollandiana.

19.

[17. III. 1792]

« Monseigneur!

J'ai apris avec la plus vive satisfaction, par la lettre de Votre Eminence en date du 15 fevrier, combien Elle a daigné s'intéresser en ma faveur dans l'affaire de la Prébende d'Harlebeque [1], pour laquelle j'avois imploré sa haute Protection, croyant fermement d'après l'avis, que j'avois reçu d'Harlebeque, que cette prébende était échue à la nomination de Sa Sainteté, par le décès du chanoine Wils, décédé *mense Papali*.

Mais quelle a été ma surprise, lorsque j'ai apris quelque temps après le depart de ma lettre pour Rome, que le dit chanoine, quoique réellement décédé *mense Papali,* avoit précedemment résigné sa prébende à son neveu, *currente mense Praepositi,* et cela d'une façon que le Public n'en a pas été informé, et dans le plus profond secret.

Ce n'est pas là le seul malheur qui m'est survenu dans les premiers jours de la présente année. Il nous en est arrivé encore un autre, et qui nous afflige d'autant plus sensiblement, que le Public savant y est aussi intéressé; c'est celui de voir, que par une surprise, faite à la bonne foi de nos Gouverneurs Généraux, on a fermé dés le mois de janvier, l'imprimerie des Hagiographes, contre tout droit, et contre la teneur d'un contrat formel; de façon que ni les Bollandistes, ni moi avec mon collegue [2], nous ne pou-

---

[1] Harlebeke nella Fiandra occidentale. Per questa prebenda, che desiderava ottenere il Ghesquière e che realmente, per l'intervento del Garampi, ottenne, ma poi dichiarò essere « impossible de l'accepter..., sans toutefois préciser les motifs de son refus, qu'il expose en détail dans une lettre jointe » ad altra, « mais qui n'est point parvenue jusqu'à nous » , v. Lamy, l. c., 284 s.

[2] Forse non più lo Smet Cornelio (v. n. 2 al n°. 17), ma il premonstratense Giovanni Francesco Isfredo Thijs, n. l'11 gennaio 1749, † 3 gennaio

vons avancer en aucune façon dans l'impression de nos ouvrages. C'est-là, Monseigneur, la plus pénible de toutes les entraves que les ennemis de la Religion ont mises au progrès de l'établissement hagiographique, et à la célérité de l'impression du sixieme volume d'Octobre et du sixieme des *Acta Sanctorum Belgii*. Il ne nous reste, que d'adorer les Décrets de la Providence Divine et d'attendre avec patience le temps, où il plaira au ciel de nous délivrer de nos malheurs.

Votre sainte bénédiction, Monseigneur, ne peut que contribuer beaucoup à la delivrance de nos malheurs et au rétablissement de notre ancienne tranquillité; et c'est dans ces sentiments que j'ose la demander, étant toujours avec le plus-profond respect et le plus-sincère dévouement

Monseigneur

Tongerloo près de Diest en Brabant,
 ce 17 mars 1792.

de Votre Eminence
Le plus humble et le plus-obéissant serviteur,
et réconnoissant client Joseph Ghesquiere,
Hagiographe etc. » [3].

E il Garampi rispondeva con tutta sollecitudine :

20.

[4. IV. 1792]

« à Rome ce 4. Avril 1792.

Mr. le Card. Pro-Dataire [1] partageoit ma peine, en ne voyant point de reponse à la dernière lettre que je vous ecrivèz le 15 fe-

---

1824: LAMY, l. c., 173; L. GOOVAERTS, *Ecrivains artistes et savants de l'Ordre de Prémontré*, II, Bruxelles 1902, 244-247; III, 192 s.

[3] Questa, tutta autografa, e le due seguenti, d'altra mano ma con correzioni autografe del Garampi, formano parte d'un nuovo volume in formazione del *Fondo Garampi*, che porterà il n° 300. L'indirizzo è « A' son Eminence / Monseigneur le Cardinal Garampi / archevêque de Monte Fiascone / etc. / à Rome ».

[1] Era cardinale pro-datario Filippo Campanelli, n. in Matelica 1 maggio 1739, elevato alla porpora il 30 (non 10, come dà L. v. PASTOR cit. XVI,

vrier passé. Mais la clemence du S. Pere vient de nous tirer de tout embarrâs; car vôs merites lui etant très connus, il a surpassé à votre egard tout obstacle de suspension et vous a conféré avant hier le canonicat, que vous demandiez.

Son Eminence aussitôt sortie de l'Audience du S. Pêre, m'en manda la nouvelle, que je vous donne sur le champ, quoiqu'elle doive vous parvenir aussi par Mr. Smet [2] et par son Expeditionnaire.

Je suis enchanté, Monsieur, d'avoir pu contribuer à votre repos. Vous le merité bien aprèz avoir travaillé si long tems et avec tant de succès à la chose publique de l'Eglise par votre zèle, par votre attachément au S. Siege et par vos productions litteraires.

Heureusement vôs *Acta Sanctorum Belgii*, sur les quels j'ai appuyé principalment lorsque je suppliai le S. Pere et le Cardinal Pro-Dataire de vous conferer le Canonicat en question, a ce que j'aperçus n'étoient point connus ni de l'un ni de l'autre. Voici donc une occasion pour vous faire un merite chez tous les deux, et pour constater chez eux la verité des eloges que j'ai fait de cet ouvrage en faisant en parvenir une copie à chacun par la voïe d'Ostende [3]. Par là vous rendrez aussi un temoignage de votre agrement à la bonté de Sa Sainteté, et aux sollicitations de Son Eminence.

Je suppose que les occasions ne soient si rares a Ostende pour les faire parvenir a Civitavecchia, ou au moins a Genes, ou Livourne. Vous pourrèz alhors demander a Mgr. Brancadoro [4], s'il aura quelque pacquet pour moi, et me le faire tenir sous le meme enveloppe.

Si alhors il sera sorti le 6 vol. *Acta SS. Belgii* dont trois exemplaires m'appartiennent par association, e le 6me vol. *Acta SS. Octobris*, je pourrai les recevoir aussi dans une seule expedition.

3, p. 252, e vers. ital. 271: v. *Acta Camerarii*, t. 40, ff. 168 ss. nel Fondo concistoriale dell'Archivio Segreto Vaticano) marzo 1789, † 18 febbraio 1795; Moroni, *Dizionario* ecc. cit. VII, 113 s.

[2] Non Cornelio Smet, ma Egidio (Gilles) de Smet, procuratore dei Premostratensi a Roma; Lamy, l. c., III, 284.

[3] «en faisant - Ostende» sta in margine con un tratto trasversale in segno di cancellazione, evidentemente vergato per errore.

[4] Cesare Brancadoro, n. in Fermo 28 agosto 1755, arcivescovo di Nisibi e direttore delle missioni d'Olanda dal 1789, poi nunzio in Fiandra (1792-1795), creato cardinale 23 febbraio 1801, arcivescovo di Fermo, ove morì il 10 settembre 1837: Moroni, *Dizionario* ecc. cit., VI, 92 s.; *Dictionnaire d'hist. et de géogr. ecclés.* cit., X, 390 s.

Quant à moi je m'en rejouis avec vous, et je vous assure de la parfaite consideration, avec laquelle etc. ».

21.

[11. IV. 1792]

« à Rome ce 11 Avril 1792.

Après vous avoir mandé avec le plus grand plaisir la nouvelle de la collation faite par N. S. Pere à la Prebende d'Harlebeque, je suis très surpris et affligé d'apprendre par votre lettre du 17 mars passé les entraves, qui sont survenûs, et que nous ignorions l'un et l'autre. Mais je ne me perds cependant pas de courage. Il est sûr que toutes les resignations faites *in favorem alterius* doivent se faire *coram Sede Apostolica*. Cela est fixé par la Bulle de S. Pie V[1], et le S. Siège a toujours joui et jouit encore de ce droit au moins dans toute l'Allemagne.

Je crois donc que la Resignation de feu M. Wils soit nulle, pourvû, qu'il n'y ait pas aux Pays-Bas quelqu'usage ou prescription autorisée et legitime en contraire. Mais pendant que je vais prendre une connaissance plus exacte de cette affaire, reflechissez y vous aussi et ayez la bonté de m'informer sur la pratique des Officialités et des Concistoires de votre pays a ce sujet.

Oui! je partage votre affliction pour l'echêc donné à l'Imprimerie Hagiographique, et je conviens que ce ne sera qu'un effet de surprise faite à la bonne foi des Gouverneurs Generaux. Peut-etre on a voulu envelopper cette societé dans les affaires du Monastere même de Tongerloo. Mais le jour perçera au travers des brouillards.

---

[1] « Resignatio ad favorem tertii ... non potest recipi et admitti ab Episcopo vel alio collatore Papa inferiore; PIRHING, loc. cit. n. 77, ubi testatur de communi et de stylo et usu curiae Romanae, et communi consuetudine ». L. FERRARIS, *Bibliotheca canonica* etc .VI, Romae 1890, 780. Sebbene non vi ricorrano le parole sottolineate dal Garampi, la bolla dev'essere la *Quanta Ecclesiae Dei incommoda* del 1 aprile 1568, che riguarda le *resignationes*: *Bullarum... amplissima collectio* di C. COCQUELINES, IV, 3, Romae 1746, 10 s.; ed. Taurinensis, VII, Taurini 1862, 664-666 (anche nel FERRARIS, l. c., 782 s.).

Cela sera aussi d'autant plus facile à esperer, qu'un nouveau Souverain l'est à faire des changements [2]. Il faut donc veiller les moments favorables, et agir avec confiance. Votre travail et celui de Bollandistes sont très utiles à la Religion, et sans alarmer la politique procurent des avantages tres reels à l'Etat par le debit de vos ouvrages, qui forment une branche de commerce trés considerable. J'espere donc de la voir retablie.

En attendant etc. ».

ADDENDA

A n. 1 di pag. 12.

Che l'edizione padovana del *de Canonizatione* sia stata eseguita coll'assenso dell'autore risulta oltre che dalla lettera 4, dall'altra che il 3 luglio 1748 Benedetto XIV mandò all'amico Peggi: « Oltre la stampa fatta in Bologna..., ne facessimo fare anni sono la suntuosa in Padova con alcune nostre aggiunte » (F. X. KRAUS, *Briefe Benedicts XIV an den Canonicus Francesco Peggi in Bologna,* Freiburg i. B. und Tübingen 1884, 2ª. ed. 1888, p. 50) — Nella stessa lettera il Papa così si esprime sull'edizione romana (curata dal gesuita E. de Azevedo, n. in Coimbra 25 dicembre 1713, † a Piacenza 2 aprile 1796; SOMMERVOGEL, op. cit., I, 721 ss.): « L'Accademia di Coimbria [e nel titolo dei volumi, che riproducono il *de Canonizatione,* si legge « ad usum academiae liturgicae Conimbricensis »] ha voluto farne una terza edizione, non in foglio, ma in quarto... In questa terza edizione vi sarà anche di più di quello che si ritrova nella seconda... »

A n. 7 di p. 49.

Nello stesso tomo del *Fondo Garampi,* in cui sta la lettera del de Bye (II, n° 16), trovasene un'altra del de Nélis « Evêque nommé d'Anvers » al Garampi in data di Bruxelles 12 marzo 1785.

E qui può trovar posto anche il brano relativo ai Bollandisti d'una lettera (citata dal v. PASTOR, *Gesch.* ecc. XVI, 2, 275; *Storia* ecc. XVI, 2, 289) dell'arcivescovo di Parigi, Cristoforo de Beaumont, di cui si ha copia in *Nunziatura di Colonia,* t. 194, f. 257 (è del 28 giugno 1778 da Conflans e diretta a un innominato): « Je suis charmé, que les Bollandistes reprennent leur travail. Il est à propos, comme vous l'observes, qu'ils donnent au premier volume, qu'ils publieront, tout le dégré de perfection, dont il est susceptible. Je pense, qu'on doit peu s'embarasser de ce qu'il y a de ridicule dans le contrat fait à cet égard, pourvû que l'ouvrage soit continué ».

---

[2] Era morto il 1 marzo 1792 l'imperatore Leopoldo II, succedendogli il figlio Francesco, al quale era stato dedicato il t. V delle *Acta Sanctorum* d'ottobre: v. le n. 2 e 3 alla lettera 16.

Altre « Bollandiana » dall'Archivio Segreto Vaticano

Appena terminata la tiratura dell'opuscolo « *Bollandiana* » dall'*Archivio Segreto Vaticano* m'è capitato sotto mano il t. 263 del Fondo Garampi, ove tra cose riguardanti in massima parte il governo delle diocesi di Montefiascone e Corneto andò smarrito fin dalla sua formazione alla morte del porporato un fascicoletto con lettere del nunzio Zondadari [1] al cardinale Garampi dell'anno 1789, nelle quali si riparla delle sorti della biblioteca dei Bollandisti e della continuazione delle *Acta Sanctorum,* ciò che mi ha obbligato a ricercare anche nei volumi della Nunziatura di Fiandra ricavandone, purtroppo frammentarie data la perdita di non pochi documenti, alcune notizie che completano le già acquisite e in particolare quella, che s'era ventilata la proposta di acquisto da parte del Pontefice del materiale scientifico raccolto dai Bollandisti per la continuazione in Roma della loro monumentale opera. Con questi nuovi documenti si riempie in parte la lacuna già rilevata per il 1788 e 1789 nella corrispondenza del Garampi, del quale non ho trovato le risposte allo Zondadari, come disgraziatamente mancano anche risposte al medesimo del cardinale Segretario di Stato Ignazio Boncompagni Ludovisi [2].

Ascensione 1940.

Angelo Mercati.

---

[1] V. p. 51, n. 3.

[2] Nato in Roma 18 giugno 1743, creato cardinale nel 1775, Segretario di Stato di Pio VI dal 29 giugno 1785 alla fine di settembre del 1789, † a Bagni di Lucca 9 agosto 1790; *Dictionnaire d'histoire et de géographie ecclésiastiques,* IX, Paris 1937, 821 s.; L. von Pastor, *Geschichte der Päpste* XVI, 3, Freiburg i. Br. 1933 e versione italiana di P. Cenci, Roma 1934.

I.

Il nunzio Zondadari al cardinale Boncompagni Ludovisi.

[28. III. 1788]

« ... E' morto Dom Berthod [1] Benedettino francese, e chiamato dalla defunta Imperatrice per ajuto dei vecchi Bollandisti. Sembra in conseguenza più che certo, che l'Opera non andrà più avanti, e che si cercherà di vendere il loro Museo, in cui sono all'ordine tutti i materiali per compirla. Nelle attuali circostanze delle cose non sarebbe difficile, che fosse discreta la domanda del prezzo. Lo communico a Vostra Eminenza, acciocchè si degni farvi qualche riflessione ... ».

Nunziatura di Fiandra, t. 135 Tt.

2.

Il cardinale Boncompagni Ludovisi al nunzio Zondadari.

« Ai 16 aprile 1788. Liegi.

Non esiggendo l'ultima sua de 2 corrente una positiva replica, mi restringo all'ultimo articolo della sua precedente de' 28 scorso, toccante i materiali preparati per la continuazione dell'Opera dei Bollandisti, che, attesa la morte del Benedettino Berthod, credesi dover restare imperfetta. Affinchè possa N. S. determinarsi all'acquisto dei medesimi, sarà necessario, ch'Ella destramente procuri d'indagarne unitamente al prezzo, anche l'entità, e la copia, con tutte quelle altre notizie, che possono renderne più prezioso l'acquisto. Stò in aspettativa di sentire, se, e dove siasi determinato il Feller di proseguire la stampa del suo giornale ... ».

---

[1] V. p. 48, n. 2.

3.

Il cardinale Boncompagni Ludovisi al nunzio Zondadari.

« Ai 29 9bre 1788. Liegi.

Non sarebbe per avventura lontano il S. P., come parmi d'averle altra volta indicato, dall'acquistare i materiali per la continuazione dell'Opera dei Bollandisti, e degli Annali Sacri del Belgio, interrotta d'ordine del Governo di Bruselles, quando la spesa fosse discreta, intiero, e ordinato l'Archivio, e non impedita l'estrazione. Converrebbe adunque, oltre la notizia del prezzo, assicurarsi qualche nozione dell'indice del detto Archivio ... ».

Nunziatura di Fiandra, tomo non ancora inserito nella serie e contenente un Registro di lettere degli anni 1781 a 1788.

4.

Lettere del nunzio Zondadari al cardinale Boncompagni Ludovisi.

[26. XII. 1788]

In seguito degli ordini di V. E. in rapporto all'Archivio dei Bollandisti mi dò l'onore di riferirle le notizie, che mi è riuscito procurarmi per mezzo dell'Abbate Guesquiere [1], uno delli autori dell'Opera, e che anzi si offerirebbe di diriggere quei soggetti, i quali volessersi impiegare alla continuazione del travaglio. Per quanto il Governo non siasi intieramente spiegato sulla destinazione del detto Archivio, pur tuttavolta sembra, che le sue mire si portino a 18. in 20. mila fiorini di Brabante, cioè, circa sei a sette mila scudi Romani. La metà dell'Archivio appartiene in proprietà agli autori, i quali si contenterebbero per loro porzione di nove mila fiorini, cioè, circa tre mila scudi Romani. Confessano, che un'anno per l'altro l'Opera ha prodotti quattro mila fiorini per la di lei vendita, e che, essendovi tutti i materiali disposti per ridurla al suo

---

[1] V. p. 27.

termine, potrebbe ad un dipresso portare l'introito di 60. mila fiorini, ossiano circa 20. mila scudi Romani.

Nell'Archivio esistono coll'ordine il più perfetto, con un indice egualmente perfetto tutti i documenti; i quali possono servire al totale compimento dell'Opera. Siccome mi consiglia di far fare intanto una scoperta, per non perdere l'attuale momento della scarsezza del danaro, che si cerca da tutte le parti, così mi sono proposto di farla eseguire da questo ottimo P. Abbate della ricca Abbadia dei Benedettini di S. Lorenzo colla scusa, che egli stesso voglia occupare nel lavoro i suoi religiosi, per dar loro un incentivo agli studj. In ogni caso peraltro credo dovere di pregare V. E. a farmi sapere i suoi precisi sentimenti su questo sistema espostole, che non credo possa avere cambiamenti notabili nelle presenti circostanze, secondo me, molto favorevoli all'affare, e che anzi forse non si avrebbero più ».

Nunziatura di Fiandra, t. 135 Tt., in fine, colla nota che è lettera dello Zondadari del 26 dicembre 1788, decifrata il 25 gennaio 1789.

5.

[2. I. 1789]

« ... Per la strettezza del tempo, mi permetta Vostra Eminenza, che per oggi replichi al venerato suo foglio dei 13, in quella parte soltanto, che sembra che più adesso debba premerci. Parlo del Museo Bollandiano, e di cui inviai un piano all'Eminentissimo Segretario di Stato. Siccome da esso piano rilevasi, che la spesa non oltrepasserebbe li 10 mila scudi Romani al più; ed al contrario la continuazione dell'Opera, al conto fattomi dai Bollandisti, porterebbe di introito 70 in 80 mila fiorini, come rilevasi dall'esito, che essi hanno fatto dei libri di già impressi, sembra secondo me, evidente, e che la spesa non è eccessiva, e che il rinfranco di essa è sicuro, ed anco pronto, quando vi ci si facesse lavorare molta gente, distribuendo loro i giorni dei mesi, come è tanto facile ad eseguirsi in Roma. Ed una gran facilità al travaglio, la danno le materie digià tutte disposte sino all'ultimo giorno dell'anno; ed un mirabile indice che vi è di esse. Oltre alla gloria, e (mi permetta di dirlo) alla decenza che vi sarebbe, quando la S. S. assumesse a sè la protezzione di un Opera, che ha recati tanti vantaggi alli studj tutti ecclesiastici, si aggiunge adesso la facilità, che si può sperare di un minor prezzo, attesi i bisogni del danaro, che si cerca da tutte le parti. Ed è perciò ch'io sono di avviso di far comparire un abate ricco Benedettino del Paese di Liegi per fare la compra. Il domandare poi la compra dei soli Manoscritti sarebbe forse guastar l'affare, giacchè, e si vorrà vendere tutto assieme; e dall'altro canto la più parte dei libri sono Manoscritti. Insomma parmi, che la gloria di Nostro Signore, e il decoro della S. S. ed il plauso che ne riceverebbe Roma, siano cose che tutte domandino questo acquisto. Comprendo, che nei tempi presenti, ogni spesa è un articolo [1]; ma forse non vi sarebbe mezzo di far contribuire a questa la Casannattense, l'Angelica, e simili librerie, che hanno doti, e fondi, e che potrebbero rinfrancarsi con i tomi, che potessero lavorarsi in quei Conventi?... » [2].

6.

[6. III. 1789]

« Ho aspettato di replicare ai venerati fogli di Vostra Eminenza dei 17 e 24 gennaio per sentire prima quale esito avrebbero le diligenze fatte per l'Archivio dei Bollandisti. Ma un pensiero di commercio sopravvenuto al ministero di Bruxelles, mi fa quasi intieramente disperare di venire a capo della impresa; poichè essendosi là riflettuto, che la continuazione dell'opera poteva arrecare profitto al Paese, ed al Principe, si è adesso nella risoluzione di non vender nulla fuora di paese, e di insinuare, o forzare l'Abbadia dei Premostratensi di Tongerlòo a fare l'acquisto di esso Archivio, e proseguire l'Opera. Ben è vero, che non so quanto avrà piede, o per quanto tempo un tal sistema, giacchè si vociferano di già varie soppressioni di Abbadie. Potrà Vostra Eminenza rilevar meglio il tutto dalli annessi esemplari di dispacci fatti pubblicare dal Governo nella Gazzetta dei Paesi Bassi, ed immediatamente impressi di nuovo qui in Liegi... » [3].

---

[1] Forse ha voluto dire: « ostacolo ».
[2] Ricevuta il 17 gennaio 1789
[3] Ricevuta il 21 marzo 1789.

7.

[17. III. 1789]

« Io sono sempre più obbligato all'amorevolezza che Vostra Eminenza dimostra per me nel veneratissimo suo foglio dei 21 di febbraio scorso, e Le ne rendo le mie distinte grazie. Avrà in questo frattempo V. E. inteso, che l'affare dell'Archivio dei Bollandisti è andato a vuoto, perchè il Governo essendosi accorto, che la continuazione dell'Opera poteva apportare qualche utile al commercio rovinato del Paese, aveva consigliato l'Abbadia di Tongerlòo a fare l'acquisto dei Manoscritti e proseguire il lavoro. Io non ho per adesso gran fiducia, che i nuovi tomi possano essere comparabili alli antichi; ma è sempre buona cosa almeno, che l'Opera si prosiegua ... »[1].

8.

[26. IV. 1789]

« ... Non perdo certamente di vista l'affare per ora disperato, dell'Archivio dei Bollandisti. Per adesso si vuol danaro dai Monaci compratori. Quando poi si sopprimerà l'Abbadia, allora si venderà l'Archivio ad altri Monaci, e finalmente l'Opera non anderà mai innanzi. I bravi antichi Redattori ne sono afflittissimi, perchè prevedono l'esito ... ».

9.

[22. V. 1789]

« L'Abate Guesqhiere, temendo l'inquisizione fiscale, che si fà nei Paesi bassi a tutte le lettere, mi ha fatto pregare per terza mano di rimettere l'acclusa a Vostra Eminenza, che dovendo ri-

---

[1] Ricevuta il 31 marzo 1789.

sponderli farà grazia per ogni sicurezza, diriger la lettera a me, acciò possa trasmetterla di qui con cautela al suo destino ... ».

10.

[23. X. 1789]

« ... Io ho sempre riguardata la continuazione dell'Opera del Bollando, come moltissimo precaria. L'Abbé Guesquiere mi assicurò, che fralle Abbadie Brabanzone quella che si accingeva all'impresa era la più capace di poterla eseguire. Intanto è stato posto l'Economato, e l'Amministrazione Regia a 12 di quelle Abbadie ... Nell'atto che scrivo, ricevo anco l'altra venerata sua lettera dei 3 ottobre con l'acclusavi per l'Abate de Bye [1], che invierò domani al suo destino ... » [2].

Fondo Garampi, t. 263.

---

[1] V. p. 26.
[2] Ricevuta il 9 novembre 1789.

Stephan Kuttner

L'Édition Romaine des Conciles Généraux et les actes du premier Concile de Lyon

Collectionis totius n. 5

Roma 1940
Casa Editrice S. A. L. E. R.
Typis Pontificiae Universitatis Gregorianae

SOMMAIRE

INTRODUCTION 5
   1. L'édition romaine négligée par les auteurs modernes. — 2. Tableau des pièces concernant le concile de Lyon dans les collections conciliaires de Binius à Mansi. — 3. Historique de *l'editio Romana*; principaux promoteurs et collaborateurs. — L'importance du ms. *Vat. lat. 6418* pour l'histoire de l'édition.

L' *Historia eiusdem concilii* (Ed. Rom. IV p. 64-66) 16
   5. La relation de 1595. — 6. Le projet du Père Odoard.

Les *Epistolae decretales Innocentii Papae quarti* (Ed. Rom. IV p. 67) 20
   7. Le registre, source de l'édition.

La *Brevis nota eorum quae in primo concilio Lugdunensi gesta sunt* (Ed. Rom. IV p. 68-69) 21
   8. Les plus anciens manuscrits, S et O, inconnus aux *Editores*. — 9. Le ms. *Vat. lat. 4734* (V), source principale de l'édition. — 10. La classe A: deux copies de V. Le ms. C. — 11. Les mss. de la classe B. — 12. La *recensio mixta* de l'ed. Rom.; exemples de textes. — 13. Réimpressions de l'ed. Rom. Le texte des *Annales Caesenatenses*, apparenté à O. — 14. L'édition de Carini, ses sources immédiates et lointaines. — 15. Critique de l'édition de Weiland (*Mon. Germ. hist.*).

La *Sententia contra Fridericum imperatorem* (Ed. Rom. IV p. 70-73) 41
   16. Le texte de l'*ed. Rom.*, basé sur le registre vatican et, en partie, sur Mathieu Paris (éd. de Parker). — 17. Réimpressions de l'*ed. Rom.* — 18. Réimpressions de l'éd. de Parker; le texte de Ranaldi. — 19. Les expéditions originales. — 20. Textes dérivés d'originaux ou de copies contemporaines. Remarques critiques sur quelques éditions modernes. — 21. La forme abrégée de la sentence dans les Décrétales. — 22. Critique de l'édition de Rodenberg (*Mon. Germ. hist.*). — 23. Stemma des textes mentionnés.

Les *Institutiones factae in Concilio generali apud Lugdunum* (Ed. Rom. IV p. 73-78) 61
   24. Le texte du registre; sa valeur historique. Réimpressions. — 25. Notions inexactes des auteurs modernes.

71

INTRODUCTION

1. Au cours de recherches sur les constitutions promulguées en 1245 par Innocent IX lors du concile de Lyon, dont j'ai publié les résultats autre part [1], j'ai été frappé de constater que les historiens modernes ne se sont aucunement rendu compte de l'importance capitale qui revient pour la connaissance des sources de ce synode à l'*Editio Romana* des conciles généraux. On étudie et on réédite des textes dont nous sommes redevables aux *Editores Romani*, ou bien de l'édition princeps, ou du moins de recensions qui pendant longtemps ont fait autorité et ont été fréquemment copiées; mais jamais on ne remonte dans l'histoire de ces textes jusqu'à l'édition romaine; moins encore on se préoccupe de découvrir les sources de cette édition elle-même. Dans les *Regesta* de Potthast, dans l'*Histoire des Conciles* de Hefele, dans *Conciles et Bullaire du Diocèse de Lyon* de Martin et même dans les nouvelles éditions critiques publiées par les *Monumenta Germaniae*, partout on trouve utilisés les travaux des éditeurs romains, mais seulement de seconde main, d'après les éditions copiées sur la *Romana* qui, elle, n'est même pas mentionnée. C'est cette injustice envers un ouvrage, qui compte parmi les documents les plus remarquables de la conciliographie, qui nous a amené à choisir pour objet de la présente étude le travail des éditeurs romains, les sources et l'histoire ultérieure de ce travail, en nous bornant toujours au concile de 1245.

2. A titre d'orientation nous croyons utile de placer en tête de cette étude un tableau des pièces concernant le concile de Lyon, telles qu'elles ont été publiées dans les collections conciliaires depuis Binius (les collections plus anciennes ne contiennent rien a cet égard).

---

[1] *Die Konstitutionen des ersten allgemeinen Konzils von Lyon*, dans *Studia et Documenta Historiae et Iuris* 6 (1940) p. 70-131.

Binius₁ III 2 (1606). I : Réimpression des parties se rapportant au concile dans les *Chronica maiora* de Mathieu Paris, d'après l'édition de Parker (1571), y compris la sentence de déposition contre Frédéric II et les 19 *Constitutiones* [1a] transmises par Mathieu (p. 1482-1489).

II : Liste des *initia* de 19 *Capitula Concilii Lugd.* du Liber Sextus (p. 1489-1490).

III : *Notae* : a) Lettre de convocation *Dei virtus* telle qu'elle nous est transmise par Math. Par.; Potthast, *Regesta Romanorum pontificum* (par abr. *Po.*) 11521. — b) Extrait de la *Chron. Abb. Stadensis.* — c) Extrait de *Trithemii Chron. Hirsaug.* (p. 1490).

Ed. Romana IV (1612). I : *Historia Concilii* (p. 64-66).

II : Lettres de convocation Po. 11493. 11523 = Berger, *Les registres d'Innocent IV* n. 1354-1357 (p. 67).

III : *Brevis nota eorum quae in primo conc. Lugd. gesta sunt* (p. 68-69).

IV : *Sententia contra Fridericum* (p. 70-72).

V : 17 *Institutiones factae in conc. gen. apud Lugd.* (p. 73-78).

Binius₂ III 2 (1618). I : p. 717-718 = Rom. I.

II : p. 719 = Rom. II.

III : p. 719-720 = Rom. III.

IV : p. 721-723 = Rom. IV.

V : p. 723-726 = Rom. V.

VI : *Notae* : a) = Bin_1 IIIa abrégé : l'*initium* et une remarque signalant l'identité avec le Po. 11493 reproduit dans Rom. II = Bin_2 II. — b) = Bin_1 I abrégé : la sentence (déjà reproduite dans Bin_2 IV = Rom. IV) et plusieurs chapitres des constitutions (déjà contenus dans Bin_2 V = Rom. V) ne sont mentionnés qu'avec l'*initium* (p. 727-732). — c) = Bin_1 II, mais s'étendant à 25 chapitres. — d) = Bin_1 III b. - e) = Bin_1 III c (p. 732).

Ed. Regia XXVIII (1644). I : p. 413-417 = Bin_2 I.

II : p. 417-419 = Bin_2 II.

III : p. 419-423 = Bin_2 III.

IV : p. 424-432 = Bin_2 IV.

V : p. 432-452 = Bin_2 V.

VI = Bin_2 VI : a) p. 453. — b) p. 453-472. — c) p. 472-473. — d) p. 473. — e) p. 473-474.

Labbe-Cossart XI 1 (1671). I : col. 634-636 = Reg. I.

II : col. 636-637 = Reg. II.

III : col. 637-640 = Reg. III.

IV : col. 640-645 = Reg. IV.

V : col. 645-648 = Reg. V.

VI : *Acta Concilii ex Matthaeo* = Reg. VI b (col. 658-671).

[1a] Voir sur cette série de constitutions l'article cité p. 78 et suiv., p. 97 et suiv.

VII : 9 *Capitula a Binio non edita, collecta ex Sexto decretalium* (col. 671-674).
VIII : *Notae Severini Binii.* a) G(abriel) C(ossart) : *In notas suas incluserat...* — b) = *Reg.* VI d. — c) = *Reg.* VI e. — d) G. C. : *Quod ait Albertus Stadensis...* — e) G. C. : *Vratislaviense concilium...* (col. 675).

Hardouin VII (1714). I : col. 375-378 = *Lab.* II.
 II : col. 378-381 = *Lab.* III.
 III : col. 381-386 = *Lab.* IV.
 IV : col. 386-395 = *Lab.* V.
 V : col. 395-406 = *Lab.* VI.
 VI : (*Notae*). a) *Citantur et alia...* b) = *Lab.* VIII d.

Coleti XIV (1731). I : col. 37-42 = *Lab.* I.
 II : col. 42-43 = *Lab.* II.
 III : col. 43-46 = *Lab.* III.
 IV : col. 47-51 = *Lab.* IV.
 V : col. 52-64 = *Lab.* V.
 VI : col. 65-78 = *Lab.* VI.
 VII : col. 78-83 = *Lab.* VII.
VIII = *Lab.* VIII : a-b) col. 83. — c-e) col. 83-84.

Mansi, *Supplementum* II (1748). I : Note préliminaire (col. 1071-1072).
 II : *In constitutiones Inn. IV Praefatio editoris* (col. 1071-1072).
 III : 42 Novelles d'Innocent IV (= Collection III de 1253 + *Non solum*) (col. 1073-1098).
 IV : La note de Mansi à Raynaldus, *Annal. eccles.*, Ed. Lucensis 1747 II p. 324 (col. 1097-1101).
 V : Deux lettres du parti impérial, prises chez Baluze, *Miscell.* I p. 458 sqq. : a) col. 1101-1106 — b) col. 1106-1108.

Mansi, *Amplissima* XXIII (1779). I : col. 605-608 = *Coleti* I.
 II : col. 608-609 = *Coleti* II.
 III : col. 610-613 = *Coleti* III, augmenté de quelques variantes.
 IV : col. 613-619 = *Coleti* IV.
 V : col. 619-632 = *Coleti* V.
 VI : col. 633-647 = *Coleti* VI.
 VII : Note de Mansi sur l'omission de *Coleti* VII (col. 647).
 VIII : col. 648 = *Coleti* VIII a-e.
 IX : col. 649-650 = *Suppl.* I.
 X : col. 649-650 = *Suppl.* II.
 XI : col. 651-674 = *Suppl.* III.
 XII : col. 673-677 = *Suppl.* IV.
 XIII = *Suppl.* V : a) col. 677-682. — b) col. 682.

La généalogie des différentes pièces est donc la suivante :

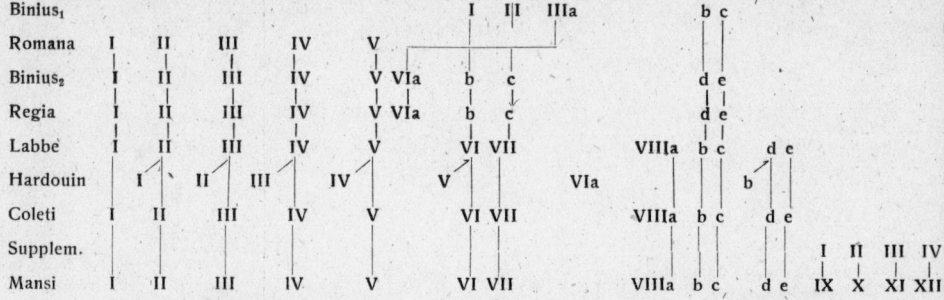

et cette généalogie démontre à l'évidence le rôle prépondérant de l'édition romaine.

3. Jusqu'à présent les origines de ce qu'on appelle l'*Editio Romana* — titre complet Τῶν ἁγίων οἰκουμενικῶν Συνόδων τῆς καθολικῆς Ἐκκλησίας ἅπαντα | *Concilia generalia Ecclesiae catholicae. Pauli V. Pont. Max. auctoritate edita* [2] — ne sont encore que peu connues. Le titre rattache au pontificat de Paul V les quatre volumes, parus de 1608 à 1612, de cette célèbre collection conciliaire dont la valeur scientifique dépasse de beaucoup celle des collections précédentes et qui la première contenait aussi les textes grecs des huit premiers synodes généraux; mais, d'après sa genèse, cet ouvrage doit encore être rangé au nombre des grandes entreprises scientifiques de la papauté dans la seconde moitié du 16me siècle: il est notamment en connexion avec les recherches que comportait le plan de travail des *Correctores Romani* pour la nouvelle édition du Décret de Gratien [3]. On attribue d'or-

---

[2] Titre du tome Ier (1608); dans les autres, le titre est : Τῶν... Ἐκκλησίας τόμος δεύτερος (τρίτος, τέταρτος) | *Conciliorum... catholicae Tomus Secundus (Tertius, Quartus), Pauli V... editus.*

[3] Quelques renseignements sur les recherches des *Correctores* en matière de textes conciliaires chez Karl Schellhass, *Wissenschaftliche Forschungen unter Gregor XIII. für die Neuausgabe des gratianischen Dekrets*, dans *Papsttum und Kaisertum (Forschungen... Paul Kehr zum 65. Geburtstag dargebracht)*, Munich 1926 p. 674 et suiv., Paul M. Baumgarten, *Hispanica I : Spanische Beiträge zur reformatio decreti Gratiani unter Gregor XIII. (Untersuchungen zur Geschichte und Kultur des 16. und 17. Jahrh.*, fasc. 3) 1927, *passim*.

dinaire le commencement des travaux sur les *Concilia generalia* à l'initiative de Sixte-Quint[4], mais en vérité il remonte jusqu'au pontificat de Grégoire XIII. Cela ressort en effet du mémoire d'un jésuite espagnol anonyme (ms. *Vat. * Reg. lat. 350*, fol. 143-152^v) qui contient un plan détaillé de travail pour les conciles et qui a été rédigé après 1578 et avant la publication de l'édition grégorienne du *Corpus iuris canonici* (1582)[5] : on y lit que déjà Grégoire XIII a confié au cardinal Antonio Carafa, membre éminent de la congrégation des *Correctores Romani*[6], le soin de publier une édition des conciles[7]. Carafa, nommé

---

[4] Henri Quentin, *Jean-Dominique Mansi et les grandes collections conciliaires*, Paris 1900 p. 25^1, Baumgarten, *Hispanica* I p. 10. Ed. Schwartz, *Acta Concil.* I *Ephes.* I 1 p. xviii; II *Chalc.* III 1 p. xvi, V p. xi.

[5] Le *terminus a quo* de ce mémoire nous est fourni par la mention qui y est faite du *Cardinalis Toletanus* (fol. 149) et qui ne peut se rapporter qu'à Gaspar Quiroga, créé cardinal le 15 décembre 1578; avant lui, le dernier cardinal parmi les archevêques de Tolède avait été Juan Martinez, mort en 1557. Cf. Eubel, *Hierarch. Cath. medii aevi* III pp. 92, 334 et suiv. Le *terminus ante quem* ressort du texte reproduit dans la note 7. — Le nombre prépondérant d'Espagnols parmi les personnes recommandées comme collaborateurs semble indiquer l'origine espagnole de l'auteur; en effet, il nomme au chap. 7, fol. 148^v-149, *Antonius Augustinus Tarraconensis Archieps* (dont nous aurons encore à parler), *Graecias* (sic) *a Loaysa Archidiaconus Caracensis et canonicus ecclesiae Toletanae* (cf. sur lui Baumgarten, *Hispanica* I p. 18 et suiv.), *Pontius Valentinus ex familia Card^{lis} Toletani*, tandis que nous ne trouvons que des remarques générales sur les savants d'autres pays: une phrase de quelques mots sur les Allemands et moins encore sur les Français et les Italiens: *quos viros nunc habeat Gallia, qui in Urbe... ad manum sint, meum non est scribere*. — L'auteur était membre de la Compagnie de Jésus, vu qu'il désigne toujours François Torres et d'autres savants de la S. J. comme *nostri*. Voir fol. 148: *Alphonsus Pisanus societatis nostrae Theologus..., Franciscus Turrensis noster..., Noster etiam Theodorus Peltanus...* (à comparer Sommervogel, *Bibl. de la Comp. de Jésus* VI col. 864, 458, VIII col. 113). — Nous ne pouvons nous occuper ici plus en détail de cet intéressant mémoire.

[6] Voir par exemple Aug. Theiner, *Disquisitiones criticae in antiquas iuris canonici collectiones*, Romae 1836, App. I p. 8.

[7] Chap. 5, fol. 147^v: *Haec enim duo, castigatio Decreti, et Conciliorum, ita inter se coniugata sunt, ut mutuas operas sibi invicem praestent, et quae in castigando, et illustrando Gratiano elaborata sunt, ea omnia ad illustrandam hanc Conciliorum editionem summopere iuuent. Quare non sine diuino beneficio contigisse crediderim, ut utrumque hoc opus uni Illmo Card^{li} Garraphae* (sic) *fuerit a S^{mo} D. N. demandatum.*

par Sixte-Quint après la mort de Sirleto cardinal-bibliothécaire (1585), garda jusqu'à sa mort (1591) la direction de l'entreprise [8]. Clément VIII en chargea en 1592 le cardinal Federigo Borromeo, et, après que celui-ci eut été élevé au siège archiépiscopal de Milan (24 avril 1595), le cardinal Francisco Toledo [9]. Après la mort de Toledo (14 septembre 1596) les travaux subirent un arrêt: en effet à cette époque une grande partie des feuilles du premier et du second tome étaient déjà imprimées [10], et en 1608 le cardinal Scipion Borghese écrit à Paul V que *da diciassette anni in quà, ... appena se n'è stampato un thomo* [11].

Dans son essai sur l'histoire des grandes collections conciliaires, Dom H. Quentin a réuni un choix des lettres, imprimées déjà au 17e siècle, du savant français Pierre Morin, un des principaux membres de la congrégation, et nous y trouvons plus d'une particularité intéressante, notamment aussi des renseignements sur d'autres collaborateurs [12]: le cardinal Carafa s'était adjoint avant

---

[8] Voir le beau passage sur Carafa chez Baronius, *Ann. ecles.* III, 1592 p. 717 (année 360), Quentin p. 26. — Nous trouvons un témoignage de l'activité de Carafa pendant l'année 1588 chez H. G. Opitz, *Untersuchungen zur Ueberlieferung der Schriften des Athanasius*, Berlin-Leipzig 1935 p. 82: le théologien Paolo Comitoli S. J. (Sommervogel III col. 1342) écrit le 4 nov. 1588:... *Il Cardinal Caraffa m'ha mandato..., mi scrive che per ordine del Papa si stamperanno i concilij tutti generali greci e latini, il Barone* (sic) *scriue al P. Posseuino che già sono forniti cinque da corregere...* Voir Schwartz, *Acta Conc.* II *Chalc.* I 3 p. viiii.

[9] Quentin p. 26, Baronius loc. cit., Schwartz, *Acta Conc.* II *Chalc.* III 1 p. xvii; Fr. Rivola, *Vita di Federigo Borromeo*, Milan 1656 p. 163; Petri Morini *Opuscula et Epistolae*, ed. J. Quétif, Parisiis 1675 ep. XXIII p. 346. (= Quentin p. 193); *ep.* XXXI p. 368.

[10] P. M. Baumgarten, *Neue Kunde von alten Bibeln* I, Rome 1922 p. 333 mentionne les paiements faits à l'imprimerie jusqu'à 1597, année dans laquelle se trouvaient imprimées 56 feuilles (doubles) du premier et 45 du second volume; en 1600 tout le premier volume était imprimé (*ibid.* p. 334).

[11] Baumgarten, *Neue Kunde* II, 1927 p. 142 et p. 50* (pièce n° 132).

[12] Quentin imprime à nouveau p. 189-201 les *epp.* IV, VI, VIII-XI, XXIII-XXVI, XXXIX, LIV qu'il prend dans Petri Morini *Opuscula et Epistolae* (voir plus haut n. 9). Pour le rôle de Morin comparer Hurter, *Nomenclator*$_3$ III col. 262^5, 505, Quentin p. 26^3, Schwartz, *Acta Conc.* II *Chalc.* III 1 p. xvi s. Les questions de personnes sont notamment traitées dans les *epp.* XXIII (p. 348 s. = Quentin p. 195 s.) et XXVI (p. 354 s. = Quentin p. 198 s.).

tout Tommaso Malatesta, evêque de Viesti († 1589), Antonio d'Aquino, devenu plus tard évêque de Sarno [13], Baronius, Saint Robert Bellarmin [14], Gonzales Ponce de Leon [15] et un chartreux du nom d'Odoard que nous ne connaissons que par ce travail; c'est à lui qu'étaient confiés les conciles latins. Pour maintes questions on a consulté Jacques Sirmond [16] qui a aussi rédigé la préface [17], ce qui a induit certains auteurs à le prendre pour l'éditeur de l'*ed. Rom.* [18].

Le mémoire anonyme, mentionné plus haut, avait déclaré comme indispensable le concours du docte Antonio Agustín [19]. On sait que le grand savant [20], nourrissant lui-même pendant de nombreuses

---

[13] Voir à son sujet BAUMGARTEN, *Neue Kunde* I p. 119, 240, *Hispanica* I p. 16 s.

[14] On prétend que c'est lui qui aurait fait rayer dans l'*ed. Rom.* le concile de Bâle: GOUJET, *Histoire du pontificat de Paul V*, Amsterdam 1765 II p. 149 s., FR. SALMON, *Tract. de Studio Conciliorum* (que je cite d'après l'édition de Venise de 1764) II 2, 7 (p. 51), mais cela semble contredit par le fait que Bellarmin lui-même a rédigé le projet de préface pour une édition du concile de Bâle: LE BACHELET, *Auctarium Bellarminianum*, Paris 1913 p. 568 s.

[15] *Bibliotheca Hispanica Nova* I p. 558, HURTER$_3$ III col. 285.

[16] Voir MORIN, *ep.* XXIII, QUENTIN p. 195. Quelques feuilles avec des notes critiques de la main de Sirmond se trouvent dans *Vat.* lat. 6418* I, fol. 2, 2a, 47. (Sur ce ms. voir plus bas p. 13 s.).

[17] Voir QUENTIN p. 26^1, COSSART, *Praef. ad lectorem* dans LABBE-COSSART I.

[18] Entre autres encore le *Dict. théol. cath.* III col. 675.

[19] **Regin. lat. 350*, fol. 148^v-149: ... *Prior omnium occurrit Antonius Augustinus Tarraconensium Archieps, et propter raram reconditamque uiri eruditionem, et quod multos iam annos, in paranda quedam* (sic) *conciliorum editione, per locos communes, et praescribenda illorum historia, elaborauerit, audio illum habere apud se multas epistolas decretales Pontificum, multa Concilia, quae nunquam excussa fuerint, multa praeterea correxisse, annotasse et obseruasse, quae huic operi non poterunt, non magnum ornamentum afferre...*

[20] Voir sur lui récemment: F. DE ZULUETA, *Don Antonio Agustín* (*Glasgow University Publications* 51), Glasgow 1939, qui donne aussi la bibliographie nécessaire. Sur Agustín comme canoniste voir surtout MAASSEN, *Geschichte der Quellen und Litteratur des canonischen Rechts* I, 1870 p. xix-xxxiv; à ajouter, en ce qui concerne Agustín et l'édition romaine, JOSEP RIUS dans *Analecta Sacra Tarraconensia 2* (1926) p. 575 s., BAUMGARTEN, *Hispanica* I p. 13 s.

années le projet d'une édition des conciles grecs [20a], s'était adressé à ce sujet en 1572 au roi Philippe II [21], puis en 1573 à Grégoire XIII [21a], et qu'il s'était trouvé aussi en rapport, de 1575 à 1581, avec Laurent Surius et son imprimeur Gerwin Calenius [22]. Mais comme archevêque de Tarragone il ne pouvait prendre personnellement part aux travaux à Rome ; le cardinal Carafa, selon les instructions de Sixte-Quint, pria donc Agustín de lui envoyer tout son matériel manuscrit [23]. La mort d'Agustín étant survenue en 1586, avant cet envoi ; Sixte-Quint fit en sorte que la bibliothèque Vaticane reçut du moins ses manuscrits des conciles grecs [24], ainsi que des deux premiers conciles latins. Les *Editores Romani* mentionnent dans les tables des matières des différents volumes l'utilisation des manuscrits d'Agustín pour le concile d'E-

---

[20a] Déjà en 1557-1558 Agustín dans deux lettres à Onofrio Panvinio parle de son projet : *Antonii Augustini archiepiscopi Tarraconensis Epistolae latinae et italicae, nunc primum editae* a JOANNE ANDRESIO, Parmae 1804 p. 305 s. MAASSEN p. xxv, DE ZULUETA p. 23⁴. — ED. SCHWARTZ, *Acta Conc.* II *Chalc.* V p. xi nomme Agustín le père intellectuel de l'édition romaine.

[21] Voir sa lettre à Gerónimo Zurita, dans ANTONII AUGUSTINI *Opera omnia* VII, Lucae 1772 p. 214, et la biographie de GREGORIO MAYANS Y SISCAR, dans les *Opp.* II, 1766 p. xxxvi. MAASSEN p. xxvi.

[21a] Voir sa lettre au pape, dans *Opp.* VII p. 194.

[22] ANT. AUG. *Epistolae, ep.* CXI (p. 232-245 = *Opp.* VII p. 196-199), *ep.* CXII (p. 245-248). Agustín parait avoir adressé à Surius outre la lettre de 1575, imprimée dans le recueil, encore une seconde lettre, mais qui ne serait arrivée à Cologne qu'après la mort de Surius (23 mai 1578). En effet l'historien SUFFRIDUS PETRI (voir sur lui la *Allgem. Deutsche Biogr.* XXV p. 539) écrit le 15 octobre 1579 de Cologne à son protecteur, le cardinal Granvelle, pour l'intéresser à son propre projet d'une édition des conciles (*Vat.* lat. 6216*, fol. 368-371), et mentionne à cette occasion une lettre qu'Agustín *ante menses aliquot ad Surium scripsit quem defunctum ignorabat, quibus eum ad nouam conciliorum editionem cohortatur et cum alia subsidia, tum etiam librorum huc pertinentium copiam se transmissurum liberalissime promittit.* — Quant aux lettres imprimées, voir ANDRÉS dans la préface de son édition des *Epistolae,* p. 81 s.; MAASSEN p. xxvi.

[23] La lettre de Carafa (que nous ne possédons plus) est mentionnée dans le document n° 27 (le cardinal Rusticucci au nonce en Espagne, 15 juillet 1586) chez BAUMGARTEN, *Hispanica* I p. 63.

[24] BAUMGARTEN *loc. cit.* p. 13 s. et pièces n° 26 et suivantes, RIUS *loc. cit.* p. 575. Voir le mémoire du chanoine Bailó pour Philippe III d'Espagne chez Guil. ANTOLÍN, *Catálogo de los Códices Latinos de la R. Bibl. del Escorial* I, 1916 p. xliii s.

phèse (vol. I), pour celui de Chalcédoine (vol. II) pour le sixième et le septième synodes (vol. III), pour le premier et le second synodes du Latran (vol. IV).

4. Baumgarten a découvert quelques particularités de l'histoire externe de l'édition [25]; Edouard Schwartz nous fournit certains renseignements sur la formation des textes des conciles d'Ephèse et de Chalcédoine dans l'*ed. Rom.* [26]; mais nous ne nous en trouvons que peu avancés quant à la connaissance de la genèse du grand ouvrage. Nous ne doutons pas qu'une exploration systématique des archives et de la bibliothèque du Vatican ne soit fructueuse à cet égard. Qu'il me suffise de signaler ici le si intéressant ms. *Vat. *lat. 6418* où une masse de papiers, de fragments et de notices provenant de l'officine des *Editores* ont été réunis en deux volumes. Rien que pour la préface générale on y trouve plusieurs projets:

I. Anonyme, inc. *Post divinarum...*, fol. 22-28 avec des notes marginales critiques d'une autre main [27].
II. Anonyme, inc. *Perpetua consuetudo...*, fol. 29-33^v, écrit sous le pontificat de Clément VIII (1592-1605).
III. Antonio d'Aquino, évêque de Sarno (voir plus haut p. 11): *Ea quae in generalium conciliorum praefatione dicenda essent, ad haec capita redigi mihi posse uidentur...*, fol. 35-37; rédigé au plus tôt en 1599, vu qu'on y trouve mentionné *Ill^{mus} D^{ns} Cardinalis Benarminius* (sic): Saint Robert Bellarmin fut créé cardinal le 3 mars 1599.
IV. Une relation critique sur le projet II, inc. *Legi epistolam seu praefationem...* qui mentionne également le cardinal Bellarmin, fol. 39-40.
V. Henricus Gravius, professeur à Louvain (appelé à Rome en 1591, mort le 2 avril 1592), *Praefationis ad sacra concilia methodus*, inc. *Totum hoc praefationis...*[28], fol. 92^v-94^v.

---

[25] BAUMGARTEN, *Hispanica* I p. 20 et pièce n° 38 sur Garcia de Loaysa et l'hommage qu'il a fait à Sixte-Quint de ses mss. conciliaires; en outre *Neue Kunde* I p. 333 s., II p. 141 s., voir aussi plus haut n. 10 et 11.
[26] *Acta Conc.* I *Eph.* I 1 p. xviii s.; II *Chalc.* I 3 p. vi s.; III 1 p. xvi s.
[27] Voir par exemple fol. 23, aux mots (*Summi Pontificis vigilantia prouidit...*) *ac sui arbitrii fecit* la note: *Possent deleri, tum quia obscure, tum quia videntur arrogantius sonare.*
[28] Voir sur Henr. Gravius: *Biogr. nationale* (belge) V p. 127-131, J. A. F. ORBAAN, *Bescheiden in Italie omtrent Nederlandsche Kunstenaars en Geleerden* I, 1911 p. 54 n° 56 (résumé des deux pièces émanant de Gravius dans notre ms. *Vat.* lat. 6418*: fol. 92 *De Lateranensi Concilio sub Innocentio 2°*, et fol. 92^v-94^v); G. J. HOOGEWERFF, *Bescheiden* II, 1913 pp. 563,

Les deux volumes contiennent des matériaux non moins intéressant pour les différents travaux : programmes pour les séances de la congrégation, délibérations, rapports sur l'état des travaux, projets et directives pour leur continuation, copies de textes, listes de variantes, listes contenant des propositions de correction, projets et matériaux pour les *Historiae* qui devaient être placées en tête de chaque concile etc. etc. Sur la composition de la congrégation, je n'ai pu trouver jusqu'à présent qu'un seul nouveau renseignement : fol. 50^{r-v} nous voyons un exposé malheureusement fragmentaire [29] des matériaux déjà prêts et de ceux qu'on se proposait de se procurer, sous le titre :

R^{mus} D. Episcopus Sarnen. secretarius Congregationis super editione Conciliorum generalium mihi Fran.^{co} Lamatae doctori Theologo in eius locum surrogato ab Illmo Card^{li} Toleto bo. memo. quae sequuntur scripturas et decreta consignauit.

Ce changement dans la personne du secrétaire n'aura eu lieu que peu avant la mort du cardinal Toledo (14 septembre 1596); autrement l'évêque de Sarno aurait sans doute remis les actes à son successeur encore du vivant du cardinal. D'ailleurs D'Aquino ne cessa pas de ce fait de travailler pour l'*ed. Rom.*, ainsi qu'en fait foi le projet III de la préface mentionné ci-dessus. Nous ne savons que peu de chose de Francesco Lamata, l'auteur de la préface au vol. VI de l'édition Sixtine des oeuvres de saint Bonaventure (1596) : il était correcteur à la bibliothèque Vaticane [30] et devint en 1603 doyen du chapitre de Saragosse, après que Clément VIII, qui lui avait conféré dès 1595 la dignité de prieur de ce chapitre, eût révoqué cette nomination en 1598 pour des raisons que nous ignorons [31]. Un certain nombre de lettres intéressantes, adressées par Lamata les unes de Rome, les autres plus tard de Saragosse à Jean-Baptiste Bandini, préposé à la typographie Vaticane, se trouvent dans le très instructif recueil de lettres *Vat. * lat. 6201* (fol. 202-204, 206-209, 210-215) [31 a].

589, 682 et III, 1917 pp. 27, 28, 98, 99, 222; P. M. BAUMGARTEN, *Neue Kunde* I p. 322 s., II p. 111 s.

[29] S'arrête après le 7e concile général et la réclame à une feuille perdue.
[30] BAUMGARTEN, *Neue Kunde* I p. 140.
[31] Voir le ms. *Vat.* lat. 6201*, mentionné ci-après dans le texte, fol. 205.
[31a] Je suis redevable de cette indication à Madame Crostarosa-Scipioni.

Quelque séduisante que nous paraisse la tâche de vouer une étude plus approfondie à l'histoire de toute l'édition romaine des conciles, force nous est de nous borner ici au travail consacré par les éditeurs au concile de Lyon de 1245 et à l'histoire ultérieure de ce travail.

L'Historia eiusdem concilii
(Ed. Rom. IV p. 64-66)

5. Les *historiae* placées en tête de chaque concile formaient une innovation des éditeurs romains. Au mois de septembre 1595 Pierre Morin fait un rapport au cardinal Toledo sur la distribution générale des *historiae* entre les membres de la congrégation [32]; déjà au mois de mai il avait prié le cardinal de confirmer comme rédacteur des *historiae* pour les conciles latins le Père Odoard qui, ajoutait-il, en était déjà au concile de Constance [33]. Or, on trouve dans le ms. *Vat. * lat. 6418*, fol. 53-54 une relation très instructive, inc. *Habui codices tres ephesini Concilij manuscriptos*, qui vraisemblablement date du printemps 1595 [34]. Voici ce que nous y lisons fol. 54 dans la partie qui traite des conciles latins:

De concilio tertio Latino sub Innocentio tertio.
Historia a patre Odoardo habenda, canones edendi prout extant impressa, et considerandae uariae lectiones Antonij Augustini.
De concilio quarto gñli latino

---

[32] *Ep.* XXVI p. 355 (QUENTIN p. 199).
[33] *Ep.* XXIII p. 350 (QUENTIN p 196).
[34] La mort du cardinal Carafa (1591) s'y trouve déjà mentionnée; et tout donne à supposer que la relation a été déjà rédigée du temps du cardinal Frédéric Borromée, peu avant son élévation au siège archiepiscopal de Milan (24 avril 1595). Autrement il aurait été sans doute fait mention du nouveau changement dans la présidence de la congrégation. En outre le dernier concile dont traite la relation est le deuxième de Lyon (1274), tandis que c'est déjà sous la présidence du cardinal Toledo que la congrégation s'occupa du concile de Vienne (1311-1312), ainsi que cela ressort d'un bref procès-verbal d'une des séances dans notre ms., fol. 49: *Die viij. Augusti an. 1595 habita congregatione de editione concilij Viennensis coram Illmo et R^{mo} D. D. Cardin. Toleto, ab eodem de consensu congregationis haec fuere decreta...* Le cardinal Toledo fut nommé préfet de la congrégation en mai 1595, et la rubrique *De Uiennensi sexto latino generali sub Clemente quinto* est restée dans notre relation en blanc.

Lugdunensi p⁰. sub Innocentio quarto.

Historia habenda ab eodem. Duo tantum extant huius concilij canones edendi. Primus reperitur in sexto de sentent., et re iudicata. Ad Apostolicae. secundus cap. Pro humani de homicidio in sexto. extant acta quaedam manuscripta huius concilij, sicut et sequentis Lugdunensis in Vaticano, de quibus fuit decretum, ne ederentur ob iustas causas, sed ut tantummodo ex illis historia peteretur.

Cette notice nous renseigne sur la connaissance des sources à cette étape des travaux: elle se bornait aux chapitres *Sext*. II, 14, 2 et V, 4, 1 et aux *acta quaedam manuscripta*, c'est-à-dire à ce qu'on appelle la *Brevis nota*.

6. Ainsi c'était le Père Odoard qui était chargé de rédiger l'*historia;* c'est donc à lui sans doute que peuvent être attribués les projets des *historiae* du IVe concile du Latran et du Ier concile de Lyon, contenus dans notre ms. fol. 96-97^v, 98-100.

Le projet de l'*historia* du concile de Lyon a servi pour la plus grande partie de fondement à la rédaction imprimée: abstraction faite du dernier alinéa de l'édition (p. 66), on ne remarque que des modifications insignifiantes. Avant tout il était possible d'abréger le projet, vu que, contrairement à la première résolution de la congrégation, on se décida finalement à éditer aussi la *Brevis nota,* ce qui dispensa de la paraphraser dans l'*historia*. — En outre le projet ignore encore la chronique de Mathieu Paris, qui dans la rédaction imprimée est utilisée, dans une certaine mesure, comme source outre la *Brevis nota*[35]. Problablement ce n'est que l'édition de Binius, en 1606 (voir plus haut p. 6), qui a signalé cette chronique à l'attention des *Editores Romani*.

Mais ce qui est plus important, c'est que dans la connaissance des sources le projet ne va pas encore au delà de la résolution prise par la congrégation. C'est ce qui ressort du dernier alinéa, modifié ensuite lors de l'impression et que nous reproduisons ci-après (ms. cit. fol. 99^v-100; les passages modifiés plus tard sont en italiques, la rédaction imprimée est renvoyée en note).

... Absolutum fuit hoc concilium breui temporis spatio; Prima enim actio habita est iv. Cal. Jul. Secunda octo post diebus, et paulo post tertia; *quae vltima fuit eiusdem concilii*. In his actionibus praeter negocium Friderici,

---

[35] Voir l'*ed. Rom.* IV p. 64 n. *c*, 65 n. *g*, 66 n. *i*.

85

aliqua etiam in tertia actione de tuendo regno Hierosolymitano, *et* de Tar-
5 tarorum impetu ferociaque comprimenda *fuerunt* constituta; *sed haec neque
extant, neque constat magnum utilitatem attulisse. Nonnulla item alia Patres
in eodem concilio decreuerunt.* Illud *enim cautum* fuit, vt dies natalis *diuae*
Virginis *Christi* matris octo dierum spacio celebraretur: *deinde* (*ut* e *aliqui
dicunt*) *purpura Cardinalibus ibidem fuit concessa.* Alia item decreta *in
10 lib. VI. decretalium circumferuntur ex quibus* (*ut reliqua praetermittam,
quae fortasse aliquam dubitationem habent*) *duo constat vera esse et germana
huius concilij*: *alterum est, cap. Ad Apostolicae. de sent. et re iud. in quo
sententia contra Fridericum Imperatorem continetur*: *alterum vero est c. i.
de homicid. Illud tandem extremo loco occurrit, in hoc concilio* ᵃ*Cardinales
15 etiam presbyteros priore loco, et Episcopos posteriore consedisse. Quae
consuetudo* (*vt verisimile est,*) *ab hac Synodo introducta* (*neque enim est
alia antiquior ex qua hic vsus colligi possit*) *in alijs concilijs deinceps se-
ruata fuit, vt patet ex eorum actis in quibus semper Cardinales, etiam dia-
coni omnibus Episcopis, qui Cardinales non sunt, sine vlla controuersia prae-
20 feruntur.*

e *Platina in Inno. iv.* (in marg.)   ᵃ *Vid. acta concilij* (in marg.)
2-3 quae—concilij] eademque postrema.   **4** aliqua etiam *om.* et] eadem innouata sunt, quae ab Innocentio Tertio in generali Concilio
statuta fuerant. Demum de mittendo Imperatori Constantinopolitano
subsidio et   **5** fuerunt] nonnulla   **5-6** sed—attulisse *om.*   **6-7**
Nonnulla—decreuerunt *om.*   **7** enim cautum] praeterea sancitum
diuae] Beatae Mariae   **8** Christi] Deique   **8-9** deinde—concessa *om.*   **9-14** in lib. VI.—de homicid.] edita sunt, quae maiori
ex parte, in manuscripto Innocentij Regesto continentur: et in hanc
Generalium Conciliorum editionem conijciuntur.   **14-20** Illud—prae-
feruntur *om.*

Parmi les modifications faites lors de l'impression, l'addition
lin. 4 peut reposer sur une utilisation encore plus attentive de la
Brevis nota; par contre la radiation lin. 5-6 *sed-attulisse* n'a été
rendue possible que par la découverte des *Institutiones* dans les
registres des archives vaticanes, de même, et surtout, la radiation
du long passage lin. 9-14 *in lib. VI - - de homicid.* lequel se trouve
remplacé par le renvoi au registre. Il se pourrait que le passage
où il est parlé de la pourpre des cardinaux (lin. 8-9) ait été rayé
par suite de certains scrupules : en effet les sources du concile
elles-mêmes ne contiennent rien qui puisse servir d'appui à l'opinion courante sur l'origine du chapeau des cardinaux[36]. La radiation enfin du passage relatif à l'ordre de préséance (lin. 14-20)

---

[36] Voir mon article cité plus haut n. 1, p. 120 s.

peut s'expliquer par la description plus détaillée qui s'en trouve dans la *Brevis nota*.

Ainsi donc lors de la rédaction de son projet le Père Odoard ne connaissait de tous les documents édités par la suite que la *Brevis nota,* la sentence de déposition dans la version abrégée du *Liber Sextus* et le chapitre *Sext.* V, 4, 1. — Telle qu'elle a été imprimée, l'*historia* a passé ensuite dans toutes les collections conciliaires, à l'exception de celle de Hardouin.

Les Epistolae decretales Innocentii Papae quarti
(Ed. Rom. IV p. 67)

7. Les lettres de convocation du pape Innocent IV nous introduisent dans l'édition proprement dite. Il s'agit des numéros Po. 11493, 11523 = Berger 1354-1357. Les éditeurs les ont prises dans le registre d'Innocent IV, * *Reg. vat. 21,* fol. 205 ^{r}, où c'est par elles que commencent les *litterae curiales* de la seconde année. La première de ces lettres, Po. 11493 *Dei virtus,* avait déjà été imprimée en 1571 par Parker dans la chronique de Mathieu Paris, donc par une autre tradition; et c'est là qu'en 1606 l'avait copiée Binius, III 2 p. 1490 (Po. 11521). Mais dans sa seconde édition de 1618 Binius, après avoir rayé dans le rapport de Mathieu Po. 11521, a pris les textes de l'*ed. Rom.* (Binius$_2$ III 2 p. 719), et de là ces textes ont passé dans les collections postérieures.

La Brevis nota eorum
quae in primo concilio Lugdunensi gesta sunt

(Ed. Rom. IV p. 68-69)

8. Comme le montre la relation reproduite plus haut p. 17, déjà en 1595 les *Editores* connaissaient la *Brevis nota* d'après un ms. vatican, mais primitivement ils n'avaient pas l'intention de la comprendre dans l'édition. Heureusement, l'idée de n'utiliser que dans l'*historia* ce rapport si important et provenant des milieux de la chancellerie papale [37], a été plus tard abandonnée, et on en a composé une *editio princeps* dont les sources manuscrites étaient jusqu'à présent inconnues.

On peut considérer comme un point acquis l'indication des éditeurs dans la table des matières du IVme volume, d'après laquelle tous les documents concernant le concile de Lyon auraient été puisés *ex codd. Vatic.* [38]. Par conséquent les deux mss. les plus anciens et, somme toute, les meilleurs n'ont pu servir aux *Editores* pour établir le texte de la *Brevis nota*. Ce sont :

    a) Bologna, Collegio di Spagna 275, p. 83-85 (**S**). Ce manuscrit était déjà connu au 18e siècle de Mansi (qui y a pris des variantes au texte de l'*ed. Rom.*), mais ce n'est que Tangl qui en a reconnu l'importance fondamentale [38a]. La *Brevis nota* s'y trouve insérée en écriture de chancellerie de la fin du 13e siècle dans un ms. contenant le *Liber Cancellariae*, ce qui confère à la rédaction S un caractère quasi-officiel.

    b) Vatic. * *Ottob. lat. 2520,* fol. 16^v-18^v (**O**), provenant, d'après l'écriture, également de la chancellerie et apparenté à S. Ici

---

[37] M. TANGL, dans les *Mittheilungen des Instituts für oesterreichische Geschichtsforschung* 12 (1891) p. 246 s.

[38] Voir l'*ed. Rom.* IV fol. a. ij *verso* où, par contre, pour le premier et le second concile du Latran, à côté des mss. vaticans, on en nomme aussi provenant d'Antonio Agustín.

[38a] *loc. cit.* p. 248.

la *Brevis nota* est placée à la suite du rapport connu sous le même nom sur le deuxième concile de Lyon (1274); les deux morceaux se trouvent sur un cahier de parchemin (cm 24×19) dans un volume de mélanges, composé de cahiers de papier, pour la plupart d'un format plus grand (cm 30×22). Tangl a été le premier à signaler ce ms. [38b], toutefois les deux morceaux ont déjà été identifiés par une main du 18me siècle qui se référait à la collection de Labbe (fol. 12, 16^v). — Jusqu'à présent, par suite de l'incertitude qui règne pour la plupart des mss. sur les origines de l'*Ottoboniana* [39], nous ignorons où notre ms. s'est trouvé à la fin du 16e et au commencement du 17e siècle. Mais même dans l'hypothèse qu'il ait fait partie du fond qui se trouvait dans la bibliothèque du cardinal Ascanio Colonna († 1608) et que le duc Gian-Angelo Altemps a acquis en 1611 des héritiers, il n'en serait pas moins inadmissible que les *Editores Romani* aient utilisé O: d'une part les éditeurs n'auraient pas manqué de mentionner la consultation d'un ms. de la bibliothèque Colonna ou Altemps comme ils l'ont fait en d'autres cas [40]; d'autre part et surtout le texte de la *Brevis nota* dans l'*ed. Rom.* a été établi sans qu'on tienne le moindre compte de la rédaction de S et de O (voir les exemples plus bas p. 28 s.).

9. Le manuscrit vatican que mentionne la relation de 1595 est le *Vatic. * lat. 4734,* fol. 80-81^v. De nos temps Berger a été le premier à signaler ce ms. dans sa description du concile de Lyon [41]; mais ni lui ni Weiland dans sa nouvelle édition de la *Brevis nota*

[38b] *loc. cit.* p. 251.

[39] Voir maintenant pour l'histoire de l'*Ottoboniana*, outre la bibliographie indiquée par Jeanne Bignami-Odier, *Guide au département des mss. de la bibl. du Vatican,* dans *Mélanges d'Archéologie et d'Histoire* 51 (1934) p. 219 s., les importantes recherches, réfutant beaucoup d'erreurs invétérées, du cardinal Giovanni Mercati, *Per la storia dei mss. greci di Genova...* (*Studi e Testi* 68), 1935 p. 88^4, 181 s. et avant tout *Codici latini Pico Grimani Pio...* (*Studi e testi* 75), 1938 *passim.*

[40] Voir pour le concile d'Ephèse: *ed. Rom.* I fol.* vi, pour celui de Chalcédoine: II fol. a. ij, pour le sixième synode (*Constant.* III): III fol. a 2. — Voir aussi les *Memorie Istoriche della Biblioteca Ottoboniana scritte dall'Abate* Costantino Ruggieri, éd. de J. Cozza-Luza dans les *Codices manuscripti graeci Ottob. Bibl. Vaticanae descripti,* 1893 (p. xl-lx) p. xlix.

[41] E. Berger, *Les Registres d'Innocent IV,* tome II, Paris 1887 p. xciii[1].

(*Monumenta Germaniae, Const.* II p. 513, note prél.) n'ont vu qu'il constituait le fondement même de l'édition imprimée dans les collections conciliaires. — L'intéressant ms. de papier fut composé sur l'ordre de Grégoire XI (1370-1378) : *Istum librum fecit scribi cum diligencia Reuerendissimus in xpo pater et d̄n̄s dominus petrus Rogerij Gregorius p̄p̄. XI'.*, c'est ainsi que commence la rubrique fol. 1. Il semble ressortir du filigrane, qui appartient au groupe n. 11080-11085 (France méridionale, 14e et 15e siècle) chez Briquet [41a], que le ms. a été composé encore à Avignon. Le ms. contient :

a) l'*Ordo Romanus XIV* de Mabillon (fol. 3-77^v) dans une rédaction conforme en général à celle que Kösters [42] a démontré être la rédaction originale, mais avec un appendice apocryphe [43] ; il est précédé d'une table des matières. Le ms. contient le chap. 45 de l'*Ordo*, ce qui réfute la thèse de Kösters (p. 76) d'après laquelle ce chapitre n'aurait été écrit que pour le couronnement de Boniface IX (1389) [44].

b) les Psaumes 42. 6. 31. 37. 50. 101. 129. 142, de la même main (f. 78-79 $^{v\,b}$).

c) les deux *Breves notae* : Ier concile de Lyon (fol. 80-81 ^{va}), IIe concile de Lyon (fol. 81va-84vb), de la même main. Rien que le commencement du texte de la *Brevis nota Lugd. I* dans ce ms. (**V**) : *In nomine domini amen. Anno eiusdem m^o. cc^o.xlv. cum dominus Innocentius papa...*, comparé à celui de SO : *Anno domini*

[41a] C. M. BRIQUET, *Les filigranes* III, Paris 1907 p. 564.

[42] Jos. KÖSTERS, *Studien zu Mabillons Römischen Ordines*, Münster 1905 p. 69.

[43] Je note parmi les différences : dans le chap. 64 la fin est plus longue, de même dans le chap. 65. Derrière le chap. 111 est inséré un chap. *Ordo Romane ecclesie ad sepeliendum papam, episcopos, presbiteros et diaconos cardinales defunctos* (fol. 61-63^v) ; puis vient, comme chez Kösters, le chap. 116. — L'appendice est placé fol. 70 derrière le chap. 117 (expl. fol. 69va ...*licentia speciali domini pape*; 69vb est en blanc) : il consiste en un groupe de chapitres apocryphes, commençant par la rubrique *Diaconus cardinalis lecturus Euuangelium*, et finissant fol. 77vb par les mots ..*pecuniam pauperibus spargere*. En marge des dix dernières lignes on lit *va-cat*.

[44] Contre la date indiquée par Kösters voir aussi FR. WASNER, *De consecratione, inthronizatione, coronatione Summi Pontificis*, Romae 1936 p. 18 n. 62.

millesimo cc.xlv. (*quinquagesimo quinto* O), *cum dominus* (om. S) *Innocentius papa...* suffit à indiquer qu'il s'agit de deux classes de mss.; au demeurant on n'a qu'à jeter un regard sur l'appareil critique de l'édition de Weiland, où S=1, O=2, V=3, pour se rendre compte de la notable différence entre SO et V (cf. aussi nos exemples p. 28 s.).

10. Le ms. V a été copié deux fois vers la fin du 16ᵉ siècle; sans doute les deux copies étaient-elles destinées à la préparation de l'édition romaine:

a) *Vat.* * *lat. 5627* contient, après des copies d'un cérémonial, qui semble dérivé dans un ordre confus de l'*Ordo* XIV, les deux *Breves notae*: fol. 249-252ᵛ, 252ᵛ- 258ᵛ. La *Brevis nota* I se révèle comme une copie directe (**Aa**) de V par la reproduction de toutes les fautes et lacunes, et de plus par toute une série de fautes qui lui sont propres et qui proviennent de ce que le copiste, médiocre paléographe, n'a pas su déchiffrer certains abréviations de V: c'est ainsi que Aa fait deux fois (*ed. Rom.* p. 68, 1 B 1 et p. 68, 2 B 2) *ad* de *cum*, parce que dans V il avait trouvé l'abréviation cū; les mots *et de ciuitate* (p. 68, 2 B 4) se voient transformés en *reducunt*, parce que V écrit ʒɒecuut; le mot *vero* (p. 68, 1 B 3) devient *non*, parce que V écrit ũo, et a. d. s.

b) Dans le volume de mélanges ms. *Vat.* **lat. 6168* la *Brevis nota* (fol. 320-323; *Brev. not.* II: fol. 324-332) est également reproduite selon la rédaction de V. Mais cette copie (**Ab**) est non seulement de beaucoup supérieure à Aa, mais elle s'attache même à corriger les passages les plus fortement gâtés de V; elle le fait souvent en copiant d'abord fidèlement V et en indiquant en marge la correction qu'elle propose: par exemple dans le passage de l'*ed. Rom.* p. 68, 2 B 4, le ms. V écrit *Cimeri* au lieu de *timeri;* Ab reproduit la faute, mais avec la note marginale *timeri;* dans le passage de l'*ed. Rom.* p. 69, 1 A 4, la copie Ab reproduit exactement le mot mutilé *Brio* suivi d'une place vide, comme elle le trouvait dans V (V n'avait pas su déchiffrer le mot original *Brittenorii*), et elle met en marge la correction conjecturale *Romandiolae;* dans le passage p. 69, 1 D 8, la copie Ab écrit de même que V *prolongaretur*, mais avec en marge la correction *prorogaretur*. Pour ces corrections et certaines autres Ab suit évidemment un texte du groupe des mss. B dont nous parlerons ci-après.

Un texte qu'on peut considérer en général comme apparenté à la classe V est contenu dans le ms. de *Rome, Casanatense* * *607 (B. V. I)*, en écriture d'humaniste du 16ᵉ siècle. Déjà Mabillon, qui y a pris son *Ordo Romanus XV*[45], mentionne qu'il y est suivi des *acta concilii Lugdunensis sub Innocentio IV et alterius sub Gregorio X*[46]. Les deux *Breves notae* suivent en effet immédiatement l'*Ordo* (fol. 1-59ᵛ, autrefois fol. 1-54ᵛ) : *Lugd.* I fol. 59ᵛ-61ᵛ (54ᵛ-56ᵛ), *Lugd.* II fol. 61ᵛ-65ᵛ (56ᵛ-60ᵛ); vient ensuite fol. 65ᵛ-67ᵛ (60ᵛ-62ᵛ) encore un *Ordo qui fuit in celebratione concilij generalis metrapolitan.* (!), commençant par les mots *Ante ortum solis eiciantur omnes ab ecclesia;* ancien *Ordo* pour les conciles provinciaux (d'origine espagnole?) et connu d'ailleurs sous plusieurs formes[47]. Le texte de la *Brevis nota* (**C**) est absolument inutilisable; les fautes qui y pullulent le rendent souvent inintelligible. Il n'est pas admissible que les *Editores* s'en soient servis.

11. Tandis que la classe SO est représentée par deux textes du 13ᵉ siècle, et la classe V par un texte au moins du 14ᵉ siècle, je n'ai point réussi à repérer l'archétype médiéval d'une troisième classe (**B**). Cette classe est constituée par trois copies plus récentes dont l'une est sûrement du nombre des mss. qui ont servi à établir le texte de l'édition romaine, ce qui est possible, sans pouvoir être prouvé, pour la seconde, et impossible pour la troisième.

a) Le ms. *Vat.* * *lat. 6418*, dont nous avons déjà dit l'importance pour l'histoire de notre édition, contient fol. 104-107 une copie de la *Brevis nota Lugd. I* datant du commencement du 17ᵉ siècle, qui ne peut provenir ni de S ni de O ni de V, mais qui plus d'une fois nous offre de bonnes lectures là où V nous laisse en défaut, tandis que pour d'autres passages le texte en est beaucoup plus défectueux que celui de VAab. Le ms. lui-même où se trouve cette copie (**Ba**) suffit à prouver qu'elle a été confec-

---

[45] MABILLON, *Musaeum Italicum* II p. 443; voir FR. EHRLE, dans *Archiv für Literatur- und Kirchengeschichte des Mittelalters* 5 (1889) p. 584², KÖSTERS p. 77.

[46] *Mus. Ital.* II p. 544, note.

[47] *Casan.* = *Ordo Rom.* XIV c. 104 (MABILLON II p. 395 s.), voir KÖSTERS p. 77⁷. — Pour les différentes formes, voir GARSIAS LOAISA, *Collectio conciliorum Hispaniae*, Madrit 1593 p. xxvij s. (réimprimé dans BINIUS₁ I p. 5 s., BINIUS₂, *l'ed. Regia*, LABBE et COLETI), HARDOUIN I col. 6, MANSI I col. 10. P. HINSCHIUS, *Decretales Pseudo-Isidorianae*, Lipsiae 1863 p. lxxviii, p. 22-24, P. FOURNIER, *Observations sur diverses recensions de la collection canonique d'Anselme de Lucques,* dans *Annales de l'Université de Grenoble* 13 (1901) p. 444¹, p. 450. M. ANDRIEU, *Les Ordines Romani du haut moyen-âge* I, Louvain 1931 (*Spicil. Sacr. Lovan.* 11) pp. 252, 311, 374.

tionnée par un membre de la congrégation d'édition; et les exemples que nous donnons plus bas (p. 32 s.) prouvent qu'elle a été en effet employée, et par elle le ms. inconnu B.

b) Le ms. *Ottob. lat.* 765 (16e-17e siècle) contient les deux *Breves notae* fol. 104-107^v, 107^v-115, dont la première (**Bb**) est étroitement apparentée à Ba, mais sans qu'elle non plus nous fournisse un indice quant à sa filiation. Le ms. porte sur la feuille de garde la mention *Ex codicibus Ill^{mi} et Excell^{mi} Dni. Joannis Angeli Ducis ab Altaemps. Opuscula uaria Ecclesiastica* (comm. du 17e siècle). Ainsi qu'il ressort des notes marginales de la main du cardinal Guglielmo Sirleto pour le premier morceau (*Cassiod. Instit.* I), il fait partie du fond qui a passé de la bibliothèque de Sirleto († 1585) dans celle du cardinal Ascanio Colonna et que, ainsi que nous l'avons vu, le duc a acquis en 1611 [48]. Ainsi donc cette copie de la *Brevis nota* avait été confectionnée dès avant 1585 dans les milieux érudits du Vatican; et de ce fait il paraît invraisemblable que Bb ait été destiné à servir de préparation à l'édition de la *Brevis nota,* vu que ce n'est qu'après 1595 qu'on a conçu le projet de cette édition *ex codd. Vatic.* et qu'à cette époque le ms. Ottob. 765 se trouvait déjà dans la bibliothèque Colonna. De toute façon aucun des passages de l'édition qui se réclament d'un texte de la classe B n'a besoin d'être expliqué autrement que par l'utilisation de la copie plus récente Ba, qui elle, comme nous l'avons vu, a certainement servi aux éditeurs.

c) Le ms. *Vat. *lat.* 9227 contient fol. 68-75^v la *Brevis nota Lugd.* II, et fol. 76-79^v la *Brevis nota Lugd.* I, écrites l'une et l'autre de la même main entre 1650 et 1680. Nous ne mentionnons ce ms. (**Bc**), bien que vu sa date il n'ait pu servir pour l'*ed. Rom.*, que parce qu'il représente un troisième document de la classe B, et en outre le seul qui se réfère à un archétype: nous trouvons en effet à la fin de la *Brev. not.* II les mots suivants: *Desunt aliqua in originali sumpto ex Bibliotheca R^{mi} p. D. Antonij Augustini,* mention qui explique d'ailleurs un certain nombre d'interpolations arbitraires (voir plus bas l'exemple I, p. 28). Il faut donc qu'Antonio Agustín († 1586) ait déjà possédé un ms. de la classe B — sans qu'on puisse dire aujourd'hui si ce ms. a servi aussi pour les deux

---

[48] Sur la bibliothèque de Sirleto voir les auteurs cités plus haut n. 39, en outre *Memorie Istoriche* p. xlvi s.

autres copies Bab (ou pour l'une d'elles), vu que les traces du ms. se sont perdues et s'étaient évidemment déjà perdues du temps des éditeurs [49].

12. Il ne reste donc, comme mss. dont nous pouvons affirmer qu'ils ont servi aux éditeurs romains pour établir le texte de la *Brevis nota,* que V, Aa, Ab et Ba; et encore Aa, qui n'est — nous l'avons vu — qu'une très médiocre copie de V, n'aura-t-il guère joué de rôle pour la recension définitive. Pour montrer d'après quel système on procédait à cette recension — qui d'après la mode du temps était une *recensio mixta* [50] —, nous avons dans les exemples suivants mis en regard V et l'*ed. Rom.* en indiquant les variantes de l'*ed. Rom.* par des caractères italiques. L'appareil critique pourrait se limiter à Ab et Ba, mais à titre de preuve pour ce que nous avons dit au sujet des mss. Aa, Bbc, C, S, O, nous avons aussi indiqué les variantes de ces mss.

---

[49] On ne trouve rien qui serve à identifier l'exemplaire perdu, ni dans les fonds d'Agustín parvenus à l'Escurial, ni dans le fameux catalogue *Aeternae memoriae viri Ant. Augustini Archiepiscopi Tarracon. Bibliothecae graeca ms., latina ms., mixta ex libris editis variar. linguarum,* qui parut en 1587 (date du colophon; le titre porte la date 1586). Voir sur ce livre très rare (réimprimé dans les *Opera omnia* VII p. 29-261 et en partie chez Guillermo Antolín, *Catálogo de los Códices latinos... del Escorial* V, 1923 p. 158-264): Mayans y Siscar, dans les *Opp.* II p. lxxvi, Valentinelli dans les *Wiener SB* 33 (1860) p. 134; Ch. Graux, *Essai sur les origines du fonds Grec de l'Escurial (Bibl. de l'École des Hautes Études* 46), Paris 1880 p. 284-286, avec la description de l'exemplaire conservé à l'Escurial (p. 285 [1]; pour d'autres exemplaires, *ibid.* p. 286[2]), de Zulueta, *Don Ant. Agustín* p. 25[1]. Dans l'exemplaire conservé à la Vaticane (fonds Barberini), il manque les trois premières feuilles qui précèdent le cahier *a*. — Selon les auteurs cités, Agustín est à considérer lui-même, pour plusieurs raisons, comme l'auteur, du moins en grande partie, de ce catalogue paru après sa mort. D'autre part le chanoine Bailó, qui en dirigea la publication (et qui signa la dédicace [fol. 2]), revendique dans un mémoire adressé à Philippe III (1598-1621) le titre d'auteur, cf. Antolín, *Catálogo* I p. xliii s., V p. 156 s. Mais vu le délai très bref qui sépare le commencement de la publication (juillet 1586) de la mort d'Agustín (31 mai 1586), on fera bien de se méfier de Bailó.

[50] Pour les *recensiones mixtae* de l'*ed. Rom.* voir entre autres Ed. Schwartz, *Acta Conc.* I *Ephes.* I 1 p. xviii.

I.

V fol. 80rb   *Ed. Rom. p. 68,2 A 13 - B5*

Tercio de scismate grecorum, quo- Tertio de schismate Gręcorum, quo-
modo Vacarius imperator grecorum   modo Vacarius Imperator Gręcorum
cum grecis scismaticis occupauerant cum Gręcis schismaticis occupauerant
et destruxerant, Tucia fere usque ad et *destruxerant fere* usque ad Con-
constantinopolim et de ciuitate Cime- 5 stantinopolim, et de Ciuitate *timeri*
ri poterat, nisi a christianis uelocem poterat, nisi a Christianis velocem
sue cursum haberent.   *succursum* haberent.

   2 Vacarius] Vacatius *S,* uicarius   **2** Vacarius] Vicarius *Coleti sqq.,*
OC, Tartari *Babc* imperator gre- f(orsan) Battaccius *ed. Rom. sqq.*
corum] Imperatoris Grecorum *O,*   *in marg.*
imperium *Babc* **3** cum] ad *Aa (cf.*
supra p. 24) scismaticis] scismatis *Bb*   **4** destruxerant] dixtruxerant
Aa Tucia] *minus clare V,* Grecia *corr. ex* Tircia *Aa,* Turcia *Ab,* tuciam
C, Turci *Babc,* terram *SO*   fere usque] *om. Bac,* fere *Bb*   ad] ad
ad *Aa, om. O* **5** constantinopolim] costantinopolim *Aa,* Constanti-
nopolitañ. *C,* capiendam aspirabant *add. Bc*   et de ciuitate] reducunt
Aa (cf. supra p. 24), et di Ciuitate *Ab*   Cimeri] timeri *SOAa et corr.*
ex Cimeri *Ab in marg.,* Cunori *C, lacunam praebent Bab,* Imperii Gre-
chorum salus esse non *conicit Bc*   **7** sue cursum] succursum *AbBabcSO,*
cursum *C.*

L'*ed. Rom.* suit donc au commencement avec *Vacarius Impe-*
rator Gręcorum la tradition de *V*; le mot vrai *Vatacius* (auquel
les éditeurs pensaient vaguement) ne se trouve même pas dans *S*;
les mss. Babc et O sont encore plus corrompus. L'*ed. Rom.* s'é-
carte par trois fois de *V*: d'abord par l'omission du mot obscur
Tucia, que les mss. des classes A et B s'évertuent à corriger par
toutes sortes de conjectures, sans pouvoir trouver le mot authentique *terram;* et par les corrections *timeri* et *succursum* qu'ils ont
probablement prises l'une dans les mss. A et l'autre dans Ab
ou Ba.

II.

V fol. 80va	*Ed. Rom. p.* 68,2 *B*8-9
non parcentes quin interficerent omnes, sexu uel eati.	non parcentes (quin *omnes interfecerunt*) *sexui* uel *ẹtati*

---

quin—eati] sex.uel etati qu. om. int. *transp. S* quin] *minus clare V,* quu' *Aa* interficerent omnes] omnes interficerent *SBc,* omnes interfecerunt *Ba,* omnes interfecerunt, omnes *Bb* sexu uel eati] sexu uulnerati *Aa,* sexui uel etati *SOAb,* sexui et etati *Babc,* sexu uel etati *C.*

interfecerunt] interficerent *ed, Regia sqq.*

Ici la variante *omnes interfecerunt* repose sur Ba, la correction *sexui uel ẹtati* sur Ab.

III.

V fol. 80va-b	*Ed. Rom. p.* 68,2 *D*10 - *p.* 69,1 *A*6
terram a castro radicofani usque ad castrum ceperani, Marchiam anconitanam, ducatum spoleti, Exarratam Rauenne, pemapom.^m, comitatum Brio (*lacuna*) Et terram comitisse Macthildis, et multa alia erant ibi, quibus dictus iudex Tadeus...	Terram a Castro Radicophani, vsque ad Castrum *Ceprani,* Marchiam Anconitanam, Ducatum Spoleti, *Exarchatum* Rauenne, *Pentapolim,* Comitatum *Romandiolae,* et terram Comitissae Mathildis, et multa alia erant ibi, quibus dictus iudex Thadeus...

---

1 a castro *om. Bac* radicofani] Radicophani *AbS,* Radichophani *Bb,* Radicopham *Bac,* indicto fanum *C*   **2** ceperani] Ceprani *Aa,* Copam *corr. in marg.* Ceperani *Ba,* Cep^rani *Bb,* caperam *C,* et *add. Bb interlin.* **3** Exarratam] exsarratum *SO,* exacratam *Aa,* Exaratam *corr. in marg.* exarchatum *Bb,* exarchatum *AbBac*   **4** Rauenne] Rauerine *C* pemapom.^m] Pontapolim *Ab,* et Pentapolim *SO,* et Pentapolim et *Babc,* et pemapomium *C* comitatum] comitatem *C*   **5** Brio///] *cum lacuna etiam Ab,* Romandiole *Babc et corr. in marg. Ab,* Brinenoxi *S,* Bruacuoxi *O*   **6** Macthildis] Mathildis *SAabBabc,* Matildis *O,* marchaldis *C* **7** dictus] dictis *S,* d.^s *Ba, om. O.*

7 dictus] dictis *ed. Regia sqq.*

97

Parmi les quatre modifications apportées par l'édition romaine, *Ceprani* est d'ordre orthographique; pour *Exarchatum*, qui se trouvait corrompu dans tous les textes anciens, l'*ed. Rom.* se rallie à la conjecture exacte de Ab et des mss. B; l'abréviation obscure *pemapom.*^m de V avait été comprise par Ab — probablement sous l'influence d'une copie de la classe B — comme répondant à *Pontapolim;* l'édition romaine met le mot authentique *Pentapolim*, mais sans les deux *et* qui l'encadrent dans Ba(bc) et dont seul le premier est authentique. *Romandiolae* a été pris par Ab et l'*ed. Rom.* dans la classe B; V n'avait pu déchiffrer ce mot évidemment corrompu dans le texte qu'il avait sous les yeux, comme aussi dans S et O: le mot vrai est *Brittenorii*, ainsi qu'il ressort de l'acte de Frédéric II dans les *Mon. Germ. Const.* II n. 46-47 (p. 59, 4)[51].

IV.

V fol. 80vb

et asseruit multa mala, que fecisse procurasse dicebat ecclesiam contra eum, et ostendit hij plurima (*lacuna*) licterarum, et multis eius responsio fuit grata.

Ed. Rom. p. 69,1 A9-12

et asseruit multa mala quae fecisse *et* procurasse dicebat Ecclesiam contra eum, et ostendit *ibi* plurima litterarum, et multis *responsio eius* fuit
5 grata.

---

1 et asseruit] ut asserunt *C* mala *suppl. in marg. O* fecisse] et *add.SOBabc* **2** dicebat ecclesiam *transp.O* **3** ostendit *corr.ex* ostendebat *Bb AbBabc* plurima ////] plurima paria *AabBabcC* **4** licterarum] *SAabBabcC transp.Babc*.

1 mala *om. Labbe sqq.* **3** plurima]ex contentis *add. ed. Regia sqq.* hij] super hiis *SO,* ibi *SO,* plurima *absque lacuna* et *om.C* eius responsio

Toutes les modifications apportées par l'*ed. Rom.* suivent le texte de Ba(bc), qui une fois concorde avec Ab. à savoir dans la fausse conjecture *ibi* pour les mots mutilés dans V ⟨*super*⟩ *hii* ⟨*s*⟩

---

[51] Voir A. Folz, *Kaiser Friedrich II. und Papst Innocenz IV. Jhr Kampf in den Jahren 1244 und 1245*, Strasbourg 1905 p. 73; *Mon. Germ. Const.* II p. 514, 33.

Pour ce qui est de la lacune derrière *plurima,* ni les mss. A ni les mss. B ni les *Editores* n'y attachèrent une signification, seule l'*ed. Regia* a essayé de corriger le non-sens grammatical *plurima litterarum,* mais sans trouver le texte authentique *plurima paria* (= des copies) *litterarum.*

V.

V fol. 81ra   *Ed. Rom. p. 69,1 C12-13*

hec idem promiserunt plures alij in ipsa sinodo prelatorum.

haec *eadem* promiserunt plures alij in *Synodo* Praelatorum.

hec idem] haec eidem *Ab,* haec eadem *Babc,* hoc idem *SOC* plures] multi *BabcC* alij] prelati *add.S* ipsa *om.Babc* prelatorum *om.S.*

L'*ed. Rom,* suivant en cela Ba(bc), changea l'impossible *hec idem* en *haec eadem,* tandis que Ab voulait d'abord proposer *haec eidem,* mais a ensuite renoncé à cette conjecture. Fait bizarre, ce n'est que le plus défectueux des mss. plus récents (C), qui a trouvé la version authentique *hoc idem.* L'*ed. Rom.* se rallie de nouveau aux textes de B en omettant *ipsa,* par contre elle n'adopte pas la version *multi* pour *plures.*

VI.

V fol. 81ra   *Ed. Rom. p. 69,1 D8-13*

quod prolongaretur tercia sessio pro eo quod imperator, prout ipse per certos habebat nuncios ac ipse ad eum plures alios, qui in ciuitate tau-

quod *prorogaretur* tertia sessio pro eo quod *Imperatorem expectabat,* prout ipse per certos habebat Nuncios, ac ipse ad eum plures alios, qui

1 quod] ut *C* prolongaretur] prorogaretur *SOBabc et corr. ex* prolongaretur *Ab in marg.* **2** imperator] imperatorem expectabat *Bac* **2-3** per certos habebat] certos *C* **4-5** taurinień.] Thaurinen(si) *S,* **5** fuerat] fuerant *Binius$_2$ sqq.*

rinieñ. fuerat, miserat, quod iter arripuerat ad concilium veniendi,	5 in Ciuitate Taurinen. fuerat, miserat, quod iter arripuerat ad Concilium veniendi,

Thaurinien. *Aab*, Taurinen. *BacO*, Taurien. *Bb*, Camaneñ.*C*   fuerat] fuerant *O*, fuerunt *Babc*   miserat] misit *O*   **5-6** arripuerat] aripuerat *S*, acceperat *Babc*   veniendi] ueniendum *C*.

L'*ed. Rom.* voulait corriger le texte manifestement corrompu: suivant l'exemple des mss. B et de la correction de Ab, elle adopta au lieu de *prolongaretur* l'authentique *prorogaretur*, tandis que la conjecture *Imperatorem expectabat*, qu'elle a prise également dans le texte de Ba(bc), redresse bien l'anacoluthe ... *quod imperator, prout ... habebat ... ac .... miserat, quod iter arripuerat*, mais n'a aucun titre à l'authenticité.

Déjà O voulait transformer le passage qui se trouve dans S en une version identique à celle de V (sauf *prorogaretur*) par la version *plures alios, qui in ciuitate Taurinensi fuerant, misit*, ainsi que l'ont fait à peu près Babc (... *fuer*unt, *miserat*) et Binius. Weiland de son côté (dans les *Mon. Germ. Const.* II p. 515) suggère la transposition *ac ipse, qui in Civ. Taur. fuerat, ad eum plures alios miserat;* Folz enfin (*loc. cit.* p. 83[1]) propose *ac ipse ad eum, qui in civ. Taur. fuerat, pl. al. miserat*. Ainsi donc la proposition relative *qui—fuera(n)t* se rapporte d'après les uns à *plures alios*, d'après les autres à *ac ipse* (= *imperator; ad eum* = *Tadeum*), d'après d'autres encore à *ad eum* (= *imperatorem; ac ipse* = *Tadeus*). Mais ces corrections laissent toutes subsister l'anacoluthe, qui ne pourrait être éliminée à la rigueur que par la radiation du dernier *quod* (devant *iter*).

Les six exemples que nous venons de donner suffisent à montrer la manière de procéder des éditeurs: partant de V ils établissaient un texte où ils introduisaient un certain nombre de variantes prises dans Ba, de même que déjà Ab avait essayé de corriger par endroits le texte de V en consultant un ms. de la classe B. Le tableau suivant nous montre de quelle manière et dans quelle mesure Ab et l'édition romaine ont puisé à cette source.

Exemple: I Tucia] Turci *Ba*, Turcia *Ab, om. Rom.*
sue cursum] succursum *BaAb Rom.*
II interficerent omnes] omnes interfecerunt *Ba Rom.*
sexu uel eati] sexui et etati *Ba*, sexui uel etati *Ab Rom.*
III Exarratam] exarchatum *BaAb Rom.*
pemapom.ᵐ] et Pentapolim et *Ba*, Pontapolim *Ab*, Pentapolim *Rom.*

    Brio ///] Romandiolae *Ba corr. Ab Rom.*
IV fecisse procurasse] fecisse et procurasse *Ba Rom.*
    hij] ibi *BaAb Rom.*
    eius responsio *transp. Ba Rom.*
 V hec idem] haec eadem *Ba Rom.*, haec eidem *Ab*
VI prolongaretur] prorogaretur *Ba corr. Ab Rom.*
    imperator] imperatorem expectabat *Ba Rom.*

Nous pourrions multiplier les exemples de l'application par les *Editores Romani* de ce principe de recension au texte de la *Brevis nota*.

13. C'est là le texte qui a passé dans les collections conciliaires ultérieures: il fut copié directement par Binius$_2$ III 2 p. 719-720, Binius à son tour fut copié par l'*ed. Regia* XXVIII p. 419-423, la *Regia* par Labbe XI 1 col. 637-640, Labbe par Hardouin VII col. 378-381 et par Coleti XIV col. 43-46, Coleti enfin par Mansi XXIII col. 610-613. Chaque collection nouvelle apportait des modifications insignifiantes au texte (voir plus haut les six exemples); seul Mansi a fourni une contribution notable, grâce à sa découverte du ms. S, où il a fait un choix arbitraire de variantes, qu'il a publiées en note, et dont il a été le premier à reproduire la phrase finale qui manque dans tous les autres mss. (cf. *Mon. Germ. Const.* II p. 516, 30-34).

Encore avant Binius avait paru une réimpression de l'édition romaine de la *Brevis nota* chez Abraham Bzowski (Bzovius), *Annalium ecclesiasticorum... post Baronium...* tom. XIII, Romae 1616, col. 535-538, réimpression que de nos jours Martin a par erreur citée comme *editio princeps*[52], bien que Bzovius note expressément en marge de la col. 535: *Ext. in tomo 4º conc.*

La première édition de la *Brevis nota* qui ne repose pas sur l'édition romaine se trouve dans les *Annales Caesenatenses* chez Muratori[53]. Le texte inséré dans les *Annales* se fonde sur une source étroitement apparentée à O[54]. Notons en passant que le nom de localité *Brittenorii*, qui partout, même dans S et dans O, est

---

[52] J.-B. Martin, *Conciles et Bullaire du diocèse de Lyon*, 1905 n. 953.
[53] *Rer. Ital. Script.* XIV, Mediolani 1729 col. 1098-1101.
[54] Voir Tangl (plus haut n. 37) *loc. cit.* p. 252^1.

entièrement corrompu, nous est transmis ici à peu près correctement sous la forme de *Britonori*.

14. Une réimpression également indépendante de l'édition romaine a été faite en outre par J. CARINI dans le *Spicilegio Vaticano* I, 1890 p. 245-249. Au 18ᵉ siècle les Bénédictins de la congrégation de Saint-Maur, notamment Dom Hervin, De Coniac et surtout Pierre-Daniel Labat avaient réuni une riche collection de matériaux en vue d'une nouvelle édition des *Concilia Galliae*; édition dont n'a paru, en 1789 peu avant la révolution, que le premier volume, qui a été dès son apparition une grande rareté bibliographique [55]. Par la suite certaines parties de cette collection passèrent dans la bibliothèque du cardinal Fesch, l'oncle de Napoléon, et après sa mort (1839) dans la Vaticane [56]. C'est là que Carini a trouvé une copie des *Breves notae* pour les deux conciles de Lyon, et, comme ce texte différait en quelques endroits de la seule recension qui lui fût connue, celle des collections conciliaires, il en fit une impression qu'il qualifia de textuelle, mais qui en vérité est quelquefois inexacte. Le fonds mauriste, qui du temps de Carini se trouvait amassé en liasses et en feuilles détachées, a été depuis ordonné, relié et catalogué, et le texte qui a servi à Carini se laisse identifier à présent comme ms. *Vat. *lat. 9869*, fol. 159-161

---

[55] Pour les *Concilia Galliae* des Mauristes, et surtout pour De Coniac et P.-D. Labat, voir ⟨R. P. TASSIN⟩ *Histoire littéraire de la Congrégation de Saint-Maur*, Bruxelles 1770 p. 763; Dom U. BERLIÈRE, *Nouveau Supplément à l'Histoire litt. de la Congr. de Saint-Maur, Notes de Henry Wilhelm, publiées et complétées* I, Paris 1908 pp. 130, 306 ss. — Le premier volume: *Conciliorum Galliae tam editorum quam ineditorum collectio temporum ordine digesta, ab anno Christi 177 ad an. 1563..., opera et studio monachorum congregationis Sancti Mauri Tomus primus*, Parisiis MDCCLXXXIX, se trouve entre autres dans la Vaticane; *Vat. *lat. 9861*, relié avec les épreuves beaucoup plus rares encore (corrigées en partie) des col. 1-695 du second volume. (Un exemplaire de 680 col. de ces épreuves qui se trouve dans la bibliothèque de l'Université de Gand — BERLIÈRE I p. 308 — passe donc à tort pour unique).

[56] Voir à ce sujet deux lettres du card. Angelo Mai de l'année 1843 chez CARINI, *Spicilegio* I p. 398-400; BERLIÈRE I p. 141. — CARINI p. 241 attribue à tort toutes les pièces mauristes de la Vaticane à Dom Coustant (dont il déforme le nom en Constant).

(*Brev. not.* I), 161ᵛ-165ᵛ (*Brev. not.* II), identification qui ne se trouve pas dans le Catalogue des *Codices Vaticani latini* ⁵⁷.

Dans ce recueil, les deux *Breves notae* sont copiées d'une écriture soignée du commencement du 18ᵉ siècle; les titres *Historia brevis* (II: *Brevis historia*) *Concilii Lugdunensi anno MCCXLV* (II: *MCCLXXIV sub Gregorio X*) *celebrati. Ex ms. codice bibliothecae regiae* ont été ajoutés peu de temps après d'une autre main. En dépit de cette indication Carini n'a pas pris la peine de rechercher dans la *bibliotheca regia*, c'est-à-dire dans l'Ancien fonds de la Bibliothèque Nationale de Paris, le texte copié par les Mauristes et qui, d'après le catalogue de 1739/1744, ne peut se trouver que dans l'un des deux mss. *Paris lat. 936* et *lat. 1548*, tous deux du 15ᵉ siècle. Or, une confrontation de la première *Brevis nota* dans *Vat. * lat. 9869* avec les mss. de la Vaticane que nous connaissons nous montre que la copie mauriste (**Ae**) concorde à quelques petites différences près, dans toutes ses leçons, ses fautes et ses lacunes avec V. Ainsi donc l'exemplaire de Paris est nécessairement un descendant de V, dont il ne peut être séparé que par un ms. intermédiaire au plus, qui peut y avoir introduit les variantes. Une liste des leçons communes à V et Ae d'une part, et des variantes d'Ae d'autre part nous permettra donc de décider lequel des deux mss. de Paris a servi aux Mauristes; à ma prière mon collègue et ami M. Van Moé a bien voulu comparer cette liste avec *Par. 936* (**Ac**) et *Par. 1548* (**Ad**), car les seules cinq variantes de Ad signalées en passant par les Mauristes à une autre occasion ⁵⁸ ne suffisent pas à identifier l'exemplaire copié par Ae.

Nous donnons ci-après le résultat de la collation:

a) Leçons de Ae concordant avec V et différant de *ed. Rom.* (à gauche).

Début de la Brev. not. (ed. Rom. p. 68, 1 A 1 - B 12)

B6 de quo tertio] tertio de quo *VAcde*
B12 et om. *VAcde*

---

⁵⁷ *Bibliothecae Apostolicae Vaticanae Codd. Mss. recensiti*: M. Vattasso et H. Carusi, *Codices Vaticani latini, Codd. 9852-10300*, Romae 1914 p. 75-76, où la *Brev. not.* I n'est indiquée que par son titre manuscrit, sans aucun renvoi aux éditions, et sans qu'il soit fait mention de la *Brev. not.* II.

⁵⁸ *Vat. *lat. 9868*, fol. 101ʳ: *Concilii Lugd. var. lect. ex cod. Regio ms. XV saec⁰. n. 1548*.

Dans les exemples plus haut p. 28-32

I destruxerant] Tucia *add. VAce* [59], Tuciam *add. Ad*
   timeri] Cimeri *VAce* [59], Timeri *Ad*
II omnes interfecerunt] interfecerent omnes *VAcde*
III Radicophani] Radicofani *VAcde*
   Ceprani] Ceperani *VAcd et corr. ex* Cepani *Ae*
   Exarchatum] Exarratam *VAcd*, Exarcatam *Ae, corr.* Exarchatum *al. m.*
   Pentapolim] pemapom.m *Vacd*, P.... *Ae, corr.* Pontapolim *al.m.*, Pen-
                                                                                                      [tapolius *Carini*
   Romandiolae] Brio *sequente lacuna VAcd*, Brio... *Ae*
   (dictus] dictus *VAcde*, dictis *Carini*)
IV fecisse et procurasse] fecisse procurasse *VAce*, fec. et pr. *Ad*
   ibi] hij *VAcd*, h... *Ae*
   plurima] *sequente lacuna VAcd*, plurima... *Ae*
   responsio eius *transp. VAcde*
V in synodo] in ipsa sinodo *VAcde*
VI prorogaretur] prolongaretur *VAcde*
   imperatorem expectabat] imperator *VAcde*

b) Leçons de Ae qui diffèrent de V (à gauche)

Début de la Brev. not.

minebant] imminebant *Acde* = *Rom. 68,1 A 4*
ad ad] ad *Acde* = *Rom. 68,1 A 12*
: inferius] inferius. Inferius *Acde* (*V* = *Rom. 68,1 B 2*)
quatuor *om. Acde* (*V* = *Rom. 68,1 B 9*).

Dans les exemples

I ciuit(ate)] civitati *Ae*
  sue cursum] succursum *Acde* = *Rom.*
II sexu vel eati] sexui uel etati *Acde* = *Rom.*
V hec idem] hoc idem *Ad et corr. ex* haec eadem *Ae* (*V* = *Ac, Ae₁* = *Rom.*).

Ces variantes sont les seules différences qui se trouvent dans les passages que nous avons examinés entre Ae d'une part, et d'autre part *ed. Rom.* et V; et nous pouvons en conclure ce qui suit :

a) Ac aussi bien que Ad, qui ont été écrits en France au 15ᵉ siècle, sont étroitement apparentés au ms. V composé à Avignon avant 1378; notamment les fautes *Exarratam, pemapom*ᵐ., *Brio* (exemple III), *hij, plurima* (exemple IV) ne peuvent s'expliquer que si Ac et Ad descendent de V.

---

[59] Désigné en Ae comme corrumpu par une coix.

b) Les variantes de V communes aux deux mss. Acd sont en partie des corrections de fautes évidentes (*minebant, ad ad, sue cursum, sexu uel eati*), mais deux fois elles sont elles-mêmes de nouvelles fautes : à savoir la répétition de *inferius* et l'omission de *quatuor*. Ainsi donc de deux choses l'une : ou bien Acd dérivent du même archétype intermédiaire, ou bien Ad est une copie presque contemporaine de Ac ; la troisième possibilité (Ac copie de Ad) n'existe pas, vu qu'en cas de divergences entre les deux mss. c'est toujours Ac qui suit fidèlement V (liste a : *Tucia, Cimeri, fecisse procurasse;* liste b : *hec idem*). Ce rapport encore plus intime entre Ac et V nous est confirmé par le fait que le *Rituale seu caeremoniale Romanum*, qui d'après le catalogue précède dans *Par.* 936 la *Brevis nota*, contient de même que V l'*Ordo Romanus XIV* (mais sans l'appendice apocryphe et les psaumes) [60].

c) La copie mauriste Ae repose sur le ms. Ac, dont elle reproduit les différences d'avec Ad que nous venons d'indiquer (*Tucia, Cimeri, fecisse procurasse*). Le dernier exemple (*hec idem*) n'infirme pas cette constatation, vu qu'ici Ae repose évidemment sur une simple conjecture : le Mauriste voulait corriger l'inadmissible accouplement des deux mots d'abord dans le second membre *h(a)ec eadem*, suivant en cela le texte de l'*ed. Rom.*, mais ensuite il préféra corriger le premier membre, ce qui nécessita *hoc idem*, correction à laquelle était également parvenu Ad et qui d'après SO est la bonne.

Ae est donc un descendant en ligne directe de V, dont il n'est séparé peut-être que par son modèle immédiat Ac (V-Ac-Ae), peut-être encore par un ms intermédiaire précédant Ac (V-X-Ac-Ae). Mais comme les différences entre V et Ac s'expliquent facilement, l'admission d'un tel ms. intermédiaire ne s'impose que dans l'hypothèse (sur laquelle je ne peux me prononcer sans autopsie) où Ac et Ad seraient des manuscrits frères.

En présence de cette filiation il est manifeste que l'édition de Carini, qui s'est contenté de copier Ae, et encore avec des fautes, est d'une valeur nulle ; et il est assez piquant que le ms. V, qui trois siècles auparavant avait formé le fondement principal d'une

---

[60] Communication de M. Van Moé. Par là est écartée l'hypothèse de Kösters (voir plus haut n. 42) p. 78², que l'*Ordo* XV pourrait s'y trouver. Voir aussi Wasner (plus haut n. 44) p. 18 n. 62.

édition vaticane, soit resté aussi inconnu à Carini que les copies vaticanes Aab, et qu'il ait fallu qu'un descendant de V au second ou troisième degré parvienne de France au Vatican, pour y être « découvert » par Carini.

15. L'histoire des mss. et des éditions de la *Brevis nota,* dont nous venons de retracer les étapes, a complètement échappé a son dernier éditeur Ludwig WEILAND (*Mon. Germ. Const.* II, 1896 p. 513-516). Weiland a bien mis à la base de son édition critique le meilleur ms., S (qu'il désigne par *1*), et il a bien fait collationner par ses collaborateurs S avec O (chez lui *2*) et avec V (chez lui *3*, qu'il place inexactement au 14ᵉ ou 15ᵉ siècle), mais il a en outre tenu compte de deux textes dépourvus de toute valeur critique : l'édition de Carini (*4*) et l'impression chez Mansi (*5*).

Weiland s'est servi de l'édition de Carini sans faire les moindres recherches sur son origine ; dans sa remarque... *quae profluit ex schedis domini Constant,* il a même adopté la corruption du nom du savant bénédictin auquel Carini avait attribué à tort tout le fonds mauriste (voir plus haut n. 56). Surtout le titre que Carini lui-même avait reproduit dans son édition ...*ex codice ms. bibliothecae regiae,* aurait dû amener Weiland à rechercher le ms. de la Bibliothèque Nationale ; ces recherches lui auraient fait reconnaître avec facilité que son texte n° 4, l'édition Carini, n'était rien d'autre qu'un descendant au troisième ou quatrième degré de son texte 3 (V-[X]-Ac-Ae-Carini), et qu'il n'avait donc rien à voir dans une édition critique.

L'emploi de l'impression de Mansi était également hors de propos : Weiland la désigne comme *editionem Mansii,* ... *nescio quo e codice factam,* en faisant remarquer toutefois que Mansi s'est servi ça et là de S. Or il est difficile de concevoir comment dans une édition critique on peut parler d'une *editio Mansii* [61]. Le travail personnel de Mansi consiste uniquement dans l'adjonction de quelques variantes et de la phrase finale prises dans S, et on aurait pu constater sans grand luxe de recherches qu'au demeurant il a puisé la *Brevis nota* aussi peu dans un ms. que toutes les autres

---

[61] Mais déjà TANGL (voir plus haut n. 37) commet la même erreur quand il dit : *Einen anderen... Text hat Mansi seiner Ausgabe zugrundegelegt* (p. 252).

parties de sa *Collectio Amplissima* pour lesquelles il ne l'indique pas expressément, mais qu'il n'a fait que réimprimer le texte de Coleti ; de sorte que son édition, passant successivement par Coleti, Labbe, l'édition royale et Binius, ne dérive qu'en cinquième degré de l'*editio princeps,* l'édition romaine. L'auteur d'une édition « critique » aurait pu à la rigueur se contenter pour une collation du dernier descendant, s'il s'était assuré qu'au cours de cinq réimpressions le texte n'avait subi aucune altération (ce qui d'ailleurs n'a pas été le cas dans l'espèce) ; mais de toute façon il aurait été tenu de faire mention de cette filiation et de l'*editio princeps.*

Si Weiland s'était servi de l'*ed. Rom.* au lieu de se servir de Mansi, l'allusion faite par les *Editores Romani* dans la table des matières lui aurait fait découvrir leurs sources vaticanes. De cette façon il lui a non seulement échappé que son texte n° 5 (Mansi) est un dérivé recensé du texte n° 3 (=V), mais avant tout qu'il existe tout un groupe de textes B, représenté par trois mss. vaticans Babc, et qui, comme classe indépendante, devait nécessairement trouver sa place dans l'apparat d'une édition critique.

A ces graves défectuosités des fondements sur lesquels se base l'édition dans les *Mon. Germ.* vient s'ajouter que l'apparat des variantes n'est pas dans toutes ses parties digne de foi [62]. Dès les premiers mots *Anno Domini millesimo CCLXV...* se trouve omise la variante ... *quinquagesimo quinto* de O(2), et dans les six exemples que nous avons examinés plus haut p. 28 et suiv. nous trouvons les fautes suivantes :

I	MG 514,12	Vatacius] dans la note *s* il manque « Battacius *5 in marg.* »
II	,16	interficerent] dans la note *x* « non parc. quin interf. omn. sexui vel etati (sexu vel eati *3*) *2-5* » lire « ... quin interf. omn. (omn. interf. *5*) sexui... »
III	,32	Ceperani] il manque la note « Ceprani *5* »
	,33	exarcatum] dans la note *p* « ... exarratum *3* » lire « ...exar-[ratam *3* »
		et₁] il manque la note « *deest 3.5* »
	515,1	dictis] dans la note *t* il manque « dictus *3* »
IV	,3	fecisse] la note *y* « *deest 3* » est à supprimer
		et] dans la note *z* « *deest 4* » lire « *deest 3.4* »
		dicebat ecclesiam] il manque la note « *transp. 2* »
V	,19	Hoc idem] il manque la note « hec idem *3*; haec eadem *5* »

---

[62] Je me sers pour ce qui va suivre des sigles de Weiland : 1 = S, 2 = O, 3 = V, 4 = Carini, 5 = Mansi.

515,20 prelati] dans la note *w* « *deest 3-5* » lire « *deest 2-5* »
ipsa] il manque la note « *deest 5* »
VI ,26 Thaurinensi] dans la note *f* « Taurinensi *2-5* » lire « Taurinensi *2.4.5;* tauriniensi *3* »
,27 arripuerat] dans la note *h* « aripuerat *1.3* » lire « aripuerat *1* ».

Ces exemples suffiront. Ajoutons que dans la note *e*, qui se rapporte à la fin de l'avant-dernier phrase ... *fuit concilium dissolutum* (p. 516, 29), Weiland déclare : *hic finiuntur 2-5,* bien que dans sa remarque préliminaire p. 513 il ait dit pour n° 5 le contraire.

Il ressort de tout ce que nous venons de dire qu'une édition critique, digne de ce nom, de la *Brevis nota,* se fondant sur S et sur une collation de O, V, Babc et de l'*ed. Rom.*, est encore à faire.

La Sententia contra Fridericum imperatorem
(Ed. Rom. IV p. 70-73)

16. Les *Editores Romani* ont trouvé cette pièce (Po. 11733 = Berger 1367) dans le registre : **Reg. vat. 21*, fol. 208^v-210^r, n° XIIII des *Litterae curiales* de la seconde année. Mais comme le texte du registre est dans beaucoup de passages corrompu et qu'il s'y trouve même une fois une lacune considérable [63], les éditeurs ont, sans le déclarer expressément, procédé à toute une série de corrections. A cette fin ils ont évidemment eu recours à la reproduction de la sentence chez Mathieu Paris, telle qu'elle était imprimée dans l'édition de Parker de 1571, où elle avait été reprise textuellement par Binius$_1$ III 2 p. 1485-1487. Malheureusement l'édition de Parker — abstraction faite des inexactitudes du texte de Mathieu lui-même — était défigurée par un grand nombre d'interpolations, imputables probablement à l'imagination, voire à l'espièglerie d'un des copistes que Parker faisait travailler pour lui [64]; et de la sorte les *Editores,* en collationnant leur texte avec celui de Parker (soit chez Parker lui même, soit chez Binius), ont de leur côté aussi souvent contribué à gâter le texte du registre.

Pour prouver ce que nous venons de dire, nous donnons ci-après une liste des groupes suivants de variantes de l'édition romaine comparée avec le texte du registre (**R**) : *a*) Variantes qui concordent avec le texte interpolé (**Mp**) et pour lesquelles il est prouvé par l'expédition originale (**Oa**) qui se trouve dans les *Archives du Vatican *AA. Arm. I. xviii. 171* (autrefois Arm. II caps. I n. 7) [65], que c'est la leçon de R qui est la bonne; *b*) Variantes qui concordent avec Mp et Oa; *c*) Variantes prises dans Mp qui ne sont signalées qu'en marge de l'*ed. Rom.*

---

[63] Voir plus loin p. 42 tab. *b*: 71, 2D13-E5.
[64] Voir MATTH. PAR. éd. LUARD (*Rer. Brit. med. aevi Script.* 57) IV p. xvii avec des exemples pris précisément dans notre pièce.
[65] éd. WEILAND, *Mon. Germ. Const.* II p. 508-512; voir plus loin p. 47.

a) *ed. Rom.* $= Mp$; $R = Oa$

70,1	B6	restituere ac reducere *om.ROa*
	B7	huius] huiusmodi *ROa*
	B8	auctorem] actorem *ROa*
70,2	C4	Cardinal. *om. ROa*
71,1	A1	iuramentum *om. ROa*
	C10	Cardinalibus *om. ROa*
71,2	C5	plane] plene *ROa*
	E6/7	ullo modo — conditionibus *om. ROa*
72,1	A1	statutum] statuta *ROa*
	E11	incurrerit] incurrit *ROa*
72,2	A6	asseruit] asseuerauit *ROa*
	A7/8	excommunicationis *om. ROa*
	B12	inaestimabiles] inextimabiles *ROa*
	D6	tantum *om.ROa*
	D11	et persecutionum] et persequutione *Mp, om. ROa*

b) *ed. Rom.* $= MpOa$; R *texte fautif*

70,1	A4	curam] cura *R*
	C1	Episcopos] epm *R*
	D2	hoc *om.R*
71,1	A5	reuocari potuerit] reuocare poterit *R*
71,2	C4	Pacis] quoque *add. R*
	C7	reformatae] reformare *R*
	D13/E5	capi (et incarcerari *add. Mp Rom.*) fecit et eis bonis suis omnibus spoliatis, vxores eorum (ipsorum *Oa*) et filios captiuari (captivare *Mp*) ac (insuper *add. Mp Rom.*) terras Ecclesiae contra promissionem, quam eidem (eisdem *Oa*) T. (I. *MpOa*) Episcopo et Thomaso (Thomasio *Mp*, T. *Oa*) Cardinali fecerat] *om.R*
	E10	impediret] impedirent *R*
72,1	C7	duella] duello *R*
72,2	A4	contemnat] contempnit *R*
	A5	potius] est *add.R*
	A8	coniunctus] coniunctos *R*
	A9	amicitia] añuata *R*
	B13	facit] fecit *MpOa*, facto *R*
		ad] ab *R*
	C4	qui *om.R*
	E10	exinanitiones] exinanitionem *MpOa*, exinationes *R*
73,1	A5/6	reprehendi] comprehendi *R*
	C4	praestiterint] prestiterit *R*
	C6	ad quos *om.R*, quibus *in marg. al. man.*

c) *ed Rom., notae marginales* = M*p*

70,1 C1		*ad v.* C., *nota* H vel W.] W. M*p*, G. *R*, Guillelmum O*a*
71,1 C1		*ad v.* C., *nota* G.] G. M*p*RO*a*
	C11	*ad v.* hominium, *nota* homagium] hominium RO*a*, homagium M*p*
72,2 A2		*ad v.* temporibus, *nota* partibus] temporibus RO*a*, partibus M*p*

Ces tableaux nous montrent qu'en effet les *Editores* se sont servi de Mp. Toutes les autres lectures de l'*ed. Rom.* qui s'écartent de R — elles ne sont qu'en petit nombre [66] — reposent sur des conjectures, qui deux fois ont trouvé la solution exacte (= O*a*), à savoir :

72,1 D5 conuocati] conuocari *R* M*p*
72,2 D13 construxisse] confluxisse *R*, construxisse aut fundasse M*p*

17. Somme toute les *Editores* n'ont fait usage de Mp qu'avec mesure [67]. Leur édition de la sentence de déposition a été reprise par les collections conciliaires ultérieures, et lors de ces réimpressions elle n'a subi que de légères retouches.

---

[66] Outre les deux variantes indiquées dans le texte ce sont :
I. un signe de transposition qui n'a pas été reconnu (70, 1B4 affectu mentis *transp.* RO*a*);
II. trois fautes d'impression (71, 1A13 nnlla; 71, 2A10 veteri] vereri RO*a*; 72, 1D8 Calearum] galearum RO*a*);
III. cinq déformations orthographiques (71, 2C12; 73, 1A2 condictione] conditione RO*a*; 72, 1D2; D8 complures] quamplures RO*a*; 73, 1A10 compluribus] quampluribus RO*a*);
IV. deux corrections proposées en marge (71, 2D11 *ad v.* irretiri, *nota* f(orsan) irritare (ve)l irretire; 72, 2A4 *ad* v. sibi, *nota* ibi);
V. douze conjectures fausses (70, 1B12 Venerabilem Fratrem nostrum] ve. f. n. *R*, venerabiles fratres O*a*; 70, 2C4 proxima] proximo RO*a*; C9 Populi Romani] populoque Romano O*a*, pp°q; Romañ *R*; D2 Tuessa] Suella *R*, Suessa O*a*; 71, 2E8 promulgarant] promulgarat *R*, promulgarint O*a*; E9 ei] sibi RO*a*; 72, 1A2 nullas] nullus RO*a*; A3 iuris] viris RO*a*; D8 ante] antea RO*a*; D9 serie] serio RO*a*; E10 Cardinalibus] Card. *R*, Cardinali O*a*; 72, 2D12 nec alia] nec seu alia *R*, nec hospitalia seu aliaO*a*). Dans neuf de ces douze cas Mp concorde même avec O*a* contre *ed. Rom.*; ce n'est que pour 70, 1B12; 71, 2E8; E9, que Mp présente encore d'autres variantes.
[67] Le tableau p. 45 s. donne une idée de la quantité des interpolations dans Mp.

Binius₂ (1618) laissa de côté dans la chronique de **Mathieu le texte** de Mp, qu'il avait donné en 1606, et imprima la sentence d'après l'édition romaine comme pièce séparée (III 2 p. 721-723); à cette occasion il corrigea les trois fautes d'impression (v. plus haut n. 66 II) et il remplaça *ed. Rom.* 72, 2 E 10 *exinanitiones* (v. plus haut tab. b) par le mot authentique *exinanitionem* et 72, 1 A 3 *iuris* (v. plus haut n. 66 V) par l'authentique *viris*. Par contre la graphie *condictione* au lieu de *conditione*, la première fois que ce mot apparaît dans l'*ed. Rom.* (71, 2 C 12, voir plus haut n. 66 III), l'induisit à la déformation *contradictione* (qui a été reprise par tous ses successeurs), tandis que la seconde fois (*ed. Rom.* 73, 1 A 2, voir n. 66 cit.) il a rétabli le mot authentique.

Binius₂ fut copié par l'*ed. Regia* (XXVIII p. 424-432); celle-ci supprima la note marginale *H. vel W.* (voir plus haut tab. c), qui depuis manque dans toutes les éditions; parmi d'autres petites modifications nous mentionnerons la correction *T. de Suessa* au lieu de *ed. Rom.* 70, 2 D 2 *T. de Tuessa* (*Suella* R, *Suessa* MpOa; voir plus haut note 66 V). Labbe, qui à son tour copia la sentence dans l'*ed. Regia* (XI 1 col. 640-645), remplaça *ed. Rom.* 72, 2 D 11 *et persecutionum* par l'aussi peu authentique *et persecutione* qu'il prit dans Mp (voir plus haut tab. a). Labbe a servi de modèle à Hardouin VII col. 381-386 et à Coleti XIV col. 47-51; Coleti à Mansi XXIII col. 613-619. Il se peut que l'une ou l'autre variante, aussi insignifiante que celles que nous venons de mentionner, soit venue s'ajouter au cours des réimpressions successives.

Mais le texte de l'*ed. Rom.* a été aussi copié en dehors des collections conciliaires. Nous trouvons là en premier lieu (même avant Binius) Laertio Cherubini, qui en 1617, dans la seconde édition de son Bullaire [68] (paru pour la première fois en 1585), a publié avec de minimes changements [69] la sentence contre Frédéric d'après l'édition romaine, y compris les notes marginales, dont il n'a supprimé qu'une seule (71, 2 ad v. *irretiri*: *forsan irritare vel irretire*), pour la remplacer par une modification du texte (en *irritare*). La sentence a passé de cette édition dans les impressions ultérieures du Bullaire, à commencer par Angelo Maria Cherubini, *Bullarium Romanum novissimum,* Romae 1638 I p. 94-95 et à finir par le *Magnum Bullarium,* Luxemburgii 1727 I p. 85-87.

C'est également de l'édition romaine, mais par l'entremise des collections conciliaires (comme il ressort de la faute introduite par

---

[68] Laertii Cherubini... *Bullarium sive Nova collectio plurimarum constitutionum Apostolicarum diversorum Romanorum Pont. a Beato Leone Primo usque ad S^{mum} D. N. Paulum Quintum...*, Romae 1617 I p. 62-64.

[69] *Ed. Rom.* 71, 2E4 T.] I. Cherub. MpOa; 72, 2A1 et *om.* Cherub.

Binius : *contradictione* au lieu de 71, 2 C 12 *condi[c]tione*), que provient l'impression dans le *Codex Italiae Diplomaticus* II (Francof. et Lipsiae 1726 col. 901-908) de J.-Chr. LÜNIG, qui reproduit en somme le texte de Labbe en y ajoutant quelques conjectures (au sujet des noms propres) et en en supprimant les notes marginales. — Nous parlerons plus loin p. 49 de l'édition de Huillard-Bréholles.

18. D'autre part le texte interpolé Mp a été lui aussi copié plusieurs fois. La nouvelle édition de Mathieu Paris, publiée à Londres en 1640 par WATS, laissait intact, ainsi qu'elle le déclarait expressément, le mauvais texte de Parker (on lit sur le titre : *iuxta Exemplar Londinense 1571, verbatim recusa;* voir aussi la préface fol. A2) ; et c'est chez Wats p. 668-672 ou chez Binius[1] ou chez Parker lui-même, qu'Odorico RANALDI est allé chercher le texte qu'il a publié en 1646 dans sa suite des *Annales Ecclesiastici* de Baronius (XIII p. 597-600) (**Rm**). Il est vrai que dans une note marginale p. 597 Ranaldi nomme en premier lieu parmi ses sources le registre : *Inn. l. 2 ep. 14 et apud Matth. Par. et collectorem concil. loc. citat.*, mais il n'a en vérité utilisé ni le registre ni l'édition romaine. Cela ressort de toute évidence de la liste, que nous donnons ci après à titre d'exemple, des variantes de Rm comparé avec l'*ed. Rom.* p. 70, 1 :

Sacro praesente] Innocentius episcopus servus servorum Dei etc. Sacro
praesente *MpRm (cf. orig.)*
A7 discernere merita] facta et dicta discernere *MpRm*
A9 vigor] rigor *Rm*
A10 attollamus] et euehamus *add. MpRm*
reos] et culpabiles inuenerimus *add. MpRm*
A11 debitis] pro grauitate culpae afficiamus et *add. MpRm*
A13 operis] siue boni siue mali *add. MpRm*
B1 dira] diu *MpRm*
guerrarum] bellorum diuturna *MpRm*
B2/3 Prouincias] et regiones *add. MpRm*
B3 diutius] grauiter *MpRm*
B4 affectu mentis *transp. MpRm* (=*orig.*)
B8 et] ac *MpRm*
B11/12 videlicet Venerabilem Fratrem nostrum] venerabiles videlicet fratres nostros *MpRm (cf. orig.)*
B12 P. Albanen.] P. Abbatem Albanen. *Mp*
B13 tunc] autem temporis *add. MpRm*
C1 C] W. *MpRm (cf. not. ed. Rom.)*
quondam] vero *add. MpRm*

C2	filium nostrum *transp. MpRm*
C8	secum *om. Rm*
	necnon]nitimur ut *MpRm*
C9	optabamus, parati sibi pacem] parati sumus, optabamus pacem sibi *MpRm*
D1	pacis] et reconciliationis *add. MpRm*
D2	eum vt illos] illum ut eos *MpRm*
	idem] iidem *Mp*
D5	parati erant pro nobis] pro nobis parati erant *MpRm*

A tous ces endroits, à l'exception de B4 et de C1 (voir plus haut p. 43 n. 66 I et tab. *c*), l'*ed. Rom.* nous donne le texte du registre, Ranaldi par contre, à seulement quatre exceptions près (A9, B12, C8, D2), le texte corrompu Mp. Mais là où l'*ed. Rom.* et Rm concordent entre eux et s'écartent du registre, l'*ed. Rom.* puise également dans Mp[70], de sorte qu'il n'y avait aucune raison pour Rm de recourir à l'*ed. Rom.*, même à titre auxiliaire.

En 1740 Ranaldi fut copié à Rome par Coquelines, qui dans son édition du *Bullarium Romanum* (III p. 300-303) a remplacé le texte de Cherubini (c.à.d. de l'*ed. Rom.*) par Rm, de même qu'à sa suite l'*ed. Taurinensis* du Bullaire (III, 1858 p. 510-516). Enfin, sans passer par Rm, J. Dumont, dans son *Corps universel diplomatique du Droit des Gens* I, Amsterdam-La Haye 1726 p. 190-192, a copié la sentence directement dans Mp (édition de Wats).

19. A côté des deux séries de traditions qui partent de l'*ed. Rom.* et de Parker viennent se placer les textes de la sentence qui reposent directement ou indirectement sur la tradition de l'original. D'après les rapports de Mathieu Paris et de Nicolas de Carbio, chapelain et biographe d'Innocent IV, l'expédition solennelle de la sentence fut revêtue de la signature et du sceau de tous les prélats présents au concile[71]. Mais d'après Mathieu, qui nous fournit à

---

[70] Voir plus haut p. 42 tab. *a*. 70, 1 B6, B7, B8; tab. *b*: A4; C1; D2.

[71] Matth. Par. ed. Luard IV p. 479. Nicolaus de Carbio, *Vita Innocentii IV* cap. 19 à la fin, ed. F. Pagnotti (*Archivio della R. Società Romana di Storia Patria* 21, 1898 p. 76-120) p. 96; ed. Muratori, *Rer. Ital. Script.* III 1, 1723 p. 592 ζ. Voir sur la forme authentique du nom *de Carbio* et la forme fausse *de Curbio*, qu'on emploie généralement, Pagnotti, *Niccolò da Calvi e la sua Vita d'Innocenzo IV*, loc. cit. p. 34. — Voir aussi p. 41 s. quant à l'utilisation de la sentence de Lyon pour certaines parties de la *Vita*.

ce sujet plus de détails, cette expédition solennelle n'était pas le premier original : les pères du concile apposèrent leur signatures *cuidam amplae cartae transcriptae verbo ad verbum secundum cartam bulla papali munitam,* de sorte que l'original conciliaire (**Oc**) était déjà la reproduction d'un original muni seulement du sceau pontifical (**O**). C'est l'expédition O qui doit avoir servi au pape pour proclamer à la séance de clôture la déposition de Frédéric.

Autant que nous sachions, Oc ne nous a pas été conservé ; et, quant à O, on ne peut rien en dire de positif, vu que d'autres expéditions, ne portant également que la bulle papale [72], ont été faites en nombre considérable, comme cela répondait à la portée de la sentence. Jusqu'à présent, on en connaît trois :

a) L'expédition déjà mentionnée plus haut p. 41 dans les *Archives du Vatican *AA.Arm. I. xviii. 171* (autrefois Arm. II caps. I n. 7 : **Oa**). En 1896 L. WEILAND a publié dans les *Mon. Germ. Const.* II p. 508-512 une impression fidèle de cette pièce retrouvée par Sickel, mais sans apparat critique. Le parchemin est pourvu de trous pour l'attache de la bulle ; mais on ne peut décider s'il s'agit de O ou d'une autre expédition originale, retenue par la chancellerie.

b) Dès 1884 Berger a signalé une expédition se trouvant à *Paris, Archives nationales L. 245 n. 84* (**Op**) ; elle est encore munie de la bulle sur cordon de soie rouge et jaune [73].

c) Une troisième expédition est mentionnée par J.-B. MARTIN, *Conciles et Bullaire du diocèse de Lyon,* 1905 n. 1089 : *Archives du Rhône, Fonds du chapitre primatial, Arm. Cham vol. XXVII n. 2* (**Ol**).

20. Après les originaux nous avons à nommer les textes reposant sur une tradition originale ou sur des copies contemporaines :

d) Nous mentionnons ici en première ligne la plus ancienne édition qui ait été faite de la sentence, mais dont il n'a été tenu compte par aucun des éditeurs ultérieurs [74] : c'est la *Formula de-*

---

[72] Voir E. BERGER, *Les Registres d'Innocent IV,* tome II p. xvc³, qui toutefois ne mentionne pas le témoignage de Mathieu concernant l'original O.

[73] BERGER, *Registres* I, 1884 p. xlv.

[74] Autant que je sache, elle est mentionnée pour la première fois chez J.-B. MARTIN *loc. cit.*

positionis Friderici, dont Simon Schard (Schardius) a fait précéder en 1566 son édition des lettres de Pierre de la Vigne [75]. Schard a pris son texte *ex vetusto quodam libro;* nous ne savons pas si ce fut lors de son séjour en Italie en 1560 ou à l'occasion d'autres voyages. De toute façon son texte ne provient d'aucune des chroniques que nous nommons ci-après; il est souvent fautif [76], mais il n'en aurait pas moins été consulté par les *editores Romani* avec plus de profit que Mp pour la correction du registre. — Il existe une parenté frappante entre le texte de l'exemplaire qui a servi à Schard et celui d'où provient la rédaction abrégée de la sentence dans les collections de décrétales (voir à ce sujet plus loin p. 53). Des répétitions de l'*ed. Schardii* se trouvent dans les réimpressions de son livre: l'une pseudonyme *per Germanum Philalethen*, Amberg 1609 p. 58-71, et l'autre de Rud. Iselius, Bâle 1740 p. 51-61.

e) C'est également sur un modèle inconnu que repose le texte souvent défectueux édité par Abraham Bzovius dans sa suite des *Annales* de Baronius en 1616 et pour lequel il ne s'est servi ni de Mp ni de l'*ed. Rom.* ni de R [77]. Il est probable que, de même que Schard, Bzovius a transcrit une copie ancienne; mais avec un grand nombre de leçons erronées et de fautes de distraction [78].

f) Les chroniques du moyen-âge qui nous transmettent le texte de la sentence l'ont pris de leur côté, dans des expéditions originales ou dans des copies. Nommons d'abord les *Annales Placentini Gibellini* — où le chroniqueur a souvent défiguré le texte de

---

[75] *Epistolarum Petri de Vineis cancellarii quondam Friderici II imperatoris... Libri VI. Nunc primum ex tenebris... eruti et luce donati.* Basileae 1566 p. 61-75. Voir sur Schard R. Stintzing, *Geschichte der deutschen Rechtswissenschaft* I, Munich 1880 p. 508 s., mais où dans le catalogue des ouvrages l'édition des lettres de Pierre de la Vigne n'est pas mentionnée.

[76] Voir le tableau plui loin p. 53 s.

[77] *Annalium ecclesiasticorum... post Baronium...* tom. XIII, Romae 1616 col. 529-532.

[78] Je donne ici, à titre d'exemple, les variantes du début (§ 1) de Oa, *Mon. Germ. Const.* II p. 508,27 - p. 509,3: 27 Dei] etc. add. *Bz* 31 iusti vigor] iustus rigor *Bz* 33 equa lance] equiualenter *Bz* 36 ecclesie sancte *transp. Bz.* 37 actorem] auctorem *Bz* (= Mp Ed. Rom.) 38 G.] Gregorio *Bz* 39 nuntios] et *add. Bz* 40 P.] Petrum *Bz recte* 41 quondam Mutinensem, episcopos] Mutinensium episcopum *Bz* nostrum *om. Bz* 43 ipsius] ipsi *add. Bz* 509, 3 omniumque] et omnium *Bz.*

son exemplaire [79] — édités pour la première fois en 1856 par Huillard-Bréholles [80]. Cette médiocre édition frustrait Pertz, qui avait découvert les annales, du fruit de longues années de travail. (Pour plus de détails voir Pertz, dans la remarque préliminaire à son édition [81], p. 403 et suiv.).

Huillard-Bréholles a d'ailleurs fait imprimer dans son *Historia diplomatica Friderici secundi* VI 1, Paris 1860 p. 319-327 une nouvelle édition de la sentence, dont il nous donne un texte fort singulier (**H**). C'est une *recensio mixta* de l'*ed. Rom.* dans le texte de Labbe et des *Annal. Placent.* dans l'édition d'Huillard-Bréholles. Par contre la tradition directe de Mp (dont trois impressions : Mp, Rm et Dumont sont citées) n'est utilisée qu'à titre auxiliaire. Comme preuve nous donnons ci-après quelques leçons fautives prises dans Labbe = *ed. Rom.* (tab. A), ainsi que quelques variantes s'écartant de Labbe = *ed. Rom.*, prises dans *Annal Placent.* (**Pl**) et qui correspondent en partie à l'original (tab. B) :

A.

H.
restituere ac reducere = *ed. Rom.* 70, 1 B6 ; *om. Oa*
populi Romani = 70, 2 C9 ; populoque Romano *Oa*
iuramentum = 71, 1 A1 ; *om. Oa*
cardinalibus = 71, 1 C10 ; *om. Oa*
et incarcerari = 71, 2 D13 ; *om. Oa*
eorum = 71, 2 E2 ; ipsorum *Oa*
insuper = 71, 2 E2 ; *om. Oa*
ullo — conditionibus = 71, 2 E6/7 ; *om. Oa*
nullas = 72, 1 A2 ; nullus *Oa*
asseruit = 72, 2 A6 ; asseuerauit *Oa*
tantum = 72, 2 D6 ; *om. Oa*
et persecutione = 72, 2 D11 *corr. Labbe* ; *om. Oa*

B.

Ed. Rom.
70, 1 B7   huius] huiusmodi *HPlOa*
     B8   auctorem] actorem *HPlOa*

---

[79] Voir Rodenberg, *Mon. Germ. Ep. pont. saec. XIII* II p. 88, note prélim.

[80] *Chronicon Placentinum. Chronicon de rebus in Italia gestis*... Paris 1856. La sentence s'y trouve p. 197-205.

[81] *Mon. Germ. Script.* XVIII, 1863. La sentence s'y trouve p. 490-491.

	B12	Venerabilem Fratrem nostrum] venerabiles fratres nostros *HPl* (cf. *Mp*), venerabiles fratres *Oa*
70, 2	C5	plane] plene *HPlOa*
71, 2	E3	eidem] eisdem *HPlOa*
	E8	promulgarant] promulgarent *HPlO*, promulgarint *Oa*, promulgaverunt *Mp*
72, 1	E10	incurrerit] incurreret *HPl*, incurrit *Oa*
72, 2	A7/8	excommunicationis om. *HPlOa*
	B12	inaestimabiles] inextimabiles *HPlOa*
	D12	nec alia] nec seu alia *HPl* ($=R$), nec hospitalia seu alia *MpOa*

Il est inutile de souligner le peu de valeur critique qu'il y a lieu d'attribuer a pareil mélange arbitraire de deux textes, eux-mêmes peu authentiques.

g) C'est encore une tradition chronicale dérivant d'un original ou d'une copie que nous trouvons chez Mathieu Paris. Pendant plusieurs siècles sa reproduction de la sentence de Lyon ne fut répandue que sous la forme arbitrairement interpolée de Mp. H. R. LUARD en publia dans son édition critique de 1877 le texte épuré des additions de Parker (*Rer. Brit. Med. Aev. Script.* 57, IV p. 445-455).

Liebermann, qui publia en 1888 un choix de la chronique de Mathieu pour les Monumenta (*Mon. Germ. Script.* XXVIII), pourvut le texte de la sentence (p. 262-266) d'un apparat de collations qui n'étaient pas très heureusement choisies. Il compara : 1° l'édition du texte du registre faite par Rodenberg dans les *Mon Germ. Ep. pont. saec. XIII*, II p. 88, dont nous aurons encore à nous occuper, et que Liebermann croyait pouvoir utiliser à l'égal du registre lui-même (il la désigne par le sigle *Vat.*) ; 2° l'édition d'Huillard-Bréholles, *Hist. dipl.*, bien qu'elle ne représente pas un texte proprement dit (*Hu*) ; 3° les *Annales Placentini* dans l'édition de Pertz (*Pl*). Cet apparat ne pouvait en aucune façon donner une idée exacte de la tradition, avant tout parce qu'il ne nous renseigne pas sur les sources de *Hu*, qui dans de nombreux cas (en passant par l'*ed. Rom.* et les collections conciliaires) remontent à Mp, que Liebermann a omis de consulter. Des notes comme « restituere ac reducere *add. Hu* » (p. 262, 26 *Christiano*) sont sans valeur critique, du moment que l'on peut constater ici que *Hu.* = *ed. Rom.* = Mp.

D'ailleurs l'apparat n'est pas toujours absolument sûr. p. 262, 24 *diu*: Liebermann note « dira *Vat.* », mais cette leçon (exacte) nous est fournie aussi par *Pl. Hu.* — p. 262, 26 *huius*: ici manque une note « huiusmodi *Pl. Hu.* » (il est vrai que Liebermann ne pouvait savoir qu'aussi dans *Vat.* la leçon est *huiusmodi* et non, comme Rodenberg l'imprime, *huius*). — p. 264, 31 *capi*: Liebermann note avec raison « et incarcerari add. *Hu.*, capi — filios des. *Pl.*, capi — fecerat des. *Vat.* », et dans ce passage qui manque dans *Vat.* (voir plus haut p. 42 tab. b) Liebermann prétend, pour p. 264, 33 *eidem*, que la leçon (authentique) *eisdem* se trouverait non seulement dans *Hu. Pl.*, mais aussi dans *Vat.*! Ce qui a induit Liebermann en erreur, c'est qu'il a désigné l'édition de Rodenberg et le registre par un seul et même sigle *Vat.*; or le passage *capi — fecerat* qui manque dans le registre est ajouté à titre de conjecture dans l'*ed. Rodenb.* (suivant ici une autre source); ainsi donc la première note se rapporte à *Vat.* = registre, la seconde à *Vat.* = *ed. Rodenb.* — Je mentionne encore quelques exemples de leçons du registre omises par Liebermann bien qu'elles se trouvent dans l'*ed. Rodenb.*: p. 262, 30 *episcopos*: il manque la variante « episcopum *Vat.* »; p. 263, 16 *Suessa*: il manque la variante « Suella *Vat.* »; p. 263, 20 *revocari potuerit*: il manque la variante « revocare poterit *Vat.* » (qui, il est vrai, n'est mentionné par Rodenberg qu'incomplètement par « revocare »).

h) Aussi dans sa forme primitive, telle qu'elle est rétablie dans les éditions récentes, il apparaît que la chronique de Mathieu défigure fréquemment l'original. Son texte a servi de modèle au chroniqueur des *Flores Historiarum* (*Pseudo-Matthaeus Westmonasteriensis*), édités pour la première fois en 1567 par Parker. Je n'ai pu consulter que la seconde édition, Londres 1570, où la sentence de Lyon se trouve p. 196 (faute d'impression: 202!) à 203. Cette fois Parker n'a pas altéré son texte [82] comme il l'avait fait pour la chronique de Mathieu. Son édition fut réimprimée à Francfort en 1601. En 1890 Luard a publié une édition critique des *Flores hist.* dans les *Rer. Brit. Script.* 95, la sentence y est reproduite au vol. II p. 295-303, collationnée avec le texte du registre vatican. Dans son ensemble le texte des *Flores hist.* est encore plus défectueux que celui de Mathieu.

i) Une source écossaise, les *Annales Melrosenses*, nous fournit encore une tradition de ce genre. Ici la sentence dérive probablement d'un autre exemplaire que celui dont s'est servi Mathieu, sans que je puisse préciser davantage, vu que je n'ai pu consulter les éditions [83] et que le choix des *Ann. Melros.* publié dans *Mon.*

---

[82] Voir sur cette édition LUARD, *Rer. Brit. med. aevi Script.* 95 I p. xliii s.

[83] FULMAN, dans *Rer. Anglicarum Script.*, Oxoniae 1684, et J. STEVENSON, *Chronica de Mailros*, Edinburgh 1835.

Germ. Script. XXVII (1885) ne contient pas cette pièce (voir l. c. p. 441).

j) L'église Saint-Pantaléon à Cologne possédait un *transsumptum* de la sentence, comme il ressort de la *Chronica Regia Coloniensis, Continuatio* V, où il est dit pour l'an 1245 ce qui suit :... *cuius sententie tenor de verbo ad verbum conscriptus est in libro ecclesie s. Panthaleonis intitulato hystoria ecclesiastica Eusebii, in fine, in cathalogo pontificum Romanorum, ubi acta eorumdem annotantur pontificum* [84]. Il sera assez difficile de retrouver ce ms. d'Eusèbe (à supposer qu'il existe encore), vu que la bibliothèque de Saint-Pantaléon est dispersée depuis longtemps [84a]. Les voyageurs du 18e siècle qui en ont décrit les quelques restes [84b] n'y ont plus vu de ms. d'Eusèbe.

21. Un dernier groupe de textes nous est enfin fourni par les collections de décrétales. Dès les premières années après 1245 on voit apparaître un texte fortement abrégé de *Ad Apostolice* dans les mss. qui ajoutent aux premières collections officielles des Novelles d'Innocent IV un certain nombre d'extravagantes [85]; et la troisième collection officielle de 1253 contient elle-même la sentence abrégée comme chap. 23. On ne connaît pas encore la genèse de cette rédaction abrégée, comme on sait qu'Innocent IV en 1253 n'a publié qu'une liste des *initia* et non pas un texte authentique de sa Collection III. De la Coll. III c. 23 la décrétale passa dans le *Liber Sextus* (II, 14, 2). L'édition de Friedberg (*Corp. iur. can.* II, 1881 col. 1008-1011) montre très clairement en quoi consistent les coupures — elles concernent quelques lignes au commencement, une grande partie du § 3 et en entier les §§ 5-8 de l'original[85a] —;

---

[84] ed. Waitz, *Script. Rer. Germ.*, Hannoverae 1880 p. 287.

[84a] Voir Klemens Löffler, *Kölnische Bibliotheksgeschichte im Umriss* (*Zeitschrift des deutschen Verein für Buchwesen und Schrifttum* 4 [1921] p. 32-46 et 5 [1922] p. 105-141) p. 37. Le passage cité de la *Chronica*, sans doute le plus ancien témoignage sur la bibliothèque de Saint-Pantaléon, n'est pas mentionné dans ce savant mémoire.

[84b] Löffler *loc. cit.* 5 p. 118, p. 123.

[85] Voir Kuttner, *Decretalistica,* dans la *Zeitschrift der Savigny-Stiftung für Rechtsgeschichte, Kanon. Abt.* 26 (1937) p. 447 s.

[85a] *Mon. Germ. Const.* II p. 508, 28-34 *apicem — quantitatem;* 35-36 *nos-christiano*; 509, 23-36 *Et licet — requisitus*; 509, 44-512, 21 *Plura siquidem — deviare.*

mais malheureusement l'apparat critique de Friedberg donne comme texte de l'original celui de l'*editio Taurinensis* du Bullaire, III p. 510, ainsi donc une impression de la classe la plus défigurée par des interpolations (Mp — Rm, voir plus haut p. 46) ; de sorte que toute la peine que s'est donnée Friedberg pour noter scrupuleusement les moindres différences entre la décrétale et l'« original » a été dépensée en pure perte.

En plus des coupures, le texte de la décrétale (**D**) s'écarte et de l'original et du registre par un certain nombre de variantes qui doivent provenir d'une copie spéciale de O. Or il existe de cette copie inconnue, outre ce dérivé abrégé, un dérivé complet — sans que nous sachions après combien d'intermédiaires —, et qui est l'édition de Simon Schard (voir plus haut p. 47 s., *d*) (**Sch**). C'est ce que montre la confrontation ci-après des deux textes avec Oa ; je m'y suis borné aux parties de la sentence reproduites dans D et, pour les variantes dans la tradition de D, aux textes ayant servi a Friedberg (l'*ed. Rom.* du *Liber Sextus*, Rome 1582, comparée avec six mss. du Sexte, ainsi qu'avec les Novelles d'Innocent IV dans cinq mss.). Lorsqu'une leçon n'apparaît que dans certains de ces textes, je l'ai désignée par D*.

Mon. Germ.

508, 27   Innocentius — Dei] Innocentius IIII. — Dei *Sch,* Idem *D*
        rei *om. D*
28-34   apicem — quantitatem] et infra *D in signum omissionis*
34   dira] dura *SchD*
34-35   professionis christianae *transp. Sch*
35-36   nos — christiano *om. D*
37   ad precipuum] nos ad Fridericum precipuum *SchD*
    actorem] autorem *Sch,* auctorem *D**
38   G. papa] Gregorio papa 9. (IX.) *SchD**
39   nuntios] et *add. SchD*
40   tunc Rothom. archiepm.] archiepm. Rothom. *Sch, om. D*
    et Guillelmum] Hugonem *Sch,* et H. *D**
41   tunc — filium nostrum] Card. *Sch,* episcopos ac dilectum filium *D*
42   tunc abbatem S. Facundi *om. SchD*
509, 4   et *om. Sch*
8   parati pro nobis] pro n. par. *SchD*
9   vellet princeps] idem princeps uellet *Sch,* pr. vel. *D*
    vinculo erat *transp. SchD*
10   offerri] offerre *D**
14   vel] per *add. SchD**

509, 14   convenirent] conveniret D*
     16   cum] eum Sch
     17   ac] et D
     18   arrogatis] irrogatis recte SchD
  19-20   ab ipso. Volebat etiam ecclesia] ab eo uolebat, et SchD
     20   possent aliquod transp. Sch
     21   insistere curaverimus] curaremus insistere SchD
     23   huiusmodi preces transp. D
  23-36   Et licet — requisitus om. D tacite
     36   Christi offensa transp. D
     39   celari tergiversatione transp. SchD
     40   violavit] uiolando SchD, et infra add. false D
     41   etiam om. SchD
          faciens] faciendo Sch
     43   (prede)cessor] noster add. SchD*
          convocandum] et infra add. false D
44-512, 21 Plura — deviare] et infra D in signum omissionis
512, 21   hec] hoc D*
     22   et] quod (al. quod et) D*
     26   principaliter sunt homines] sunt hom. pr. D
     27   squifatorum] quidem fartorum (vel aliae corruptelae) D*, alii
          legunt factorum notat Sch in marg.
     30   sacro] sancto SchD*
     32   apostoli om. SchD
          persona] personam Sch
     33   etc.] ligatum erit in coelis SchD
          ac] et SchD
     34   a Deo] adeo Sch
     36   ac] et SchD
     39   vel$_2$] et SchD*
          et om. SchD*
          deinceps ei transp. SchD
     40   aut] vel SchD
     41   vinculo] sententię SchD*
     42   vero om. SchD
     43   sicut] sicuti Sch
          viderimus] videbimus D*
     44   Dat. — tertio om. D.

Les 57 leçons que nous venons d'indiquer se décomposent en 4 coupures assez importantes dans D, 5 variantes qui diffèrent entre elles dans Sch et D, 8 variantes propres à Sch, 13 variantes propres à D et 27 variantes communes à Sch D. Parmi ces dernières il s'en trouve, outre celles qui ne consistent qu'en des changements de particules ou des transpositions, beaucoup de très frappantes et isolées (par exemple pour p. 508, 34, 37. 42 ; p. 509, 19. 21. 40. 43 ; p. 512, 30. 32. 41). Cela ne peut s'expliquer que de deux manières : ou bien Schard a « corrigé » son modèle (qui est inconnu) aux endroits figurant aussi dans D, par l'adoption de leçons arbitrairement choisies du *Liber Sextus,* ou bien D et Sch dérivent, avec plus ou moins d'intermédiaires, d'un archétype commun. Aucun argument décisif ne milite en faveur de l'une ni de l'autre des deux possibilités [86] ; tout au plus le fait que la décrétale ne contient qu'environ 3/10 du texte complet créerait-il une certaine présomption contre son utilisation comme correctif et partant une plus grande probabilité pour l'hypothèse d'une source intermédiaire commune.

22. Une édition critique de la sentence de Lyon devrait prendre à tâche de débrouiller et de décrire le fouillis des textes dans un apparat de notes à l'original (dont nous possédons au moins trois expéditions). Car nous avons bien à présent à notre disposition dans les *Mon. Germ. Const.* II une impression de Oa à laquelle nous pouvons faire confiance, mais l'éditeur Weiland a renoncé à un apparat critique ; et A. Folz, dans son livre sur Frédéric II et Innocent IV (voir plus haut n. 51), s'il nous a donné

---

[86] On ne pourrait tirer qu'un argument spécieux du passage de l'*ed.* Schard p. 61-62 :

> cum ... afflixisset, nos toto cupientes mentis affectu tranquillitatem et pacem Ecclesię sanctae Dei, ac generaliter cuncto populo Christiano, [nos] ad [Fridericum] precipuum principem saecularem ...,

passage qui differt de Oa p. 508, 35-37 par les deux mots entre crochets, tandis que D dans son texte écourté

> cum ... afflixisset, nos ** ad [Fridericum] precipuum principem secularem

retranche à l'endroit indiqué par les deux astérisques toute la construction participale. On pourrait d'une part argumenter ainsi qu'il suit : L'exemplaire de Schard était textuellement identique à Oa, mais ayant trouvé dans D le *nos ad Fridericum*, il l'inséra dans son texte au lieu du simple *ad* de son exemplaire, sans prendre garde que de cette façon il répétait le sujet *nos*. — Mais d'autre part on peut tout aussi bien défendre la thèse opposée, d'après laquelle Schard aurait fidèlement reproduit l'exemplaire X, où se serait trouvée en effet la répétition peu élégante de *nos,* et l'archétype de D aurait par *homoioteleuton* sauté directement du premier *nos* à *ad Fridericum*. Nous n'osons nous prononcer en faveur de l'une plutôt que de l'autre explication.

un tableau des variantes de la sentence, s'est borné à Oa, R. Mathieu, *Annal. Plac.* et Bzovius (p. 105). Lui et Weiland pensaient évidemment que l'établissement des textes avait déjà été fait dans l'édition de Rodenberg (*Mon. Germ. Ep. pont. saec. XIII*, II 1887 p. 88-94). Rodenberg en effet avait eu l'intention d'imprimer un texte corrigé du registre — l'original parisien Op signalé par Berger lui avait échappé, et Oa n'était pas encore découvert — en consultant les autres textes. Mais pour établir son édition il a suivi une méthode pour tout de moins étrange.

La direction des *Monumenta* avait pris, dans une séance plénière de 1880, la résolution de s'en tenir pour les *Epistolae pontif. saec. XIII* au programme suranné établi par Pertz en 1823, et qui, entre autres, prévoyait pour les pièces qui se trouvaient déjà imprimées dans les *Annales Ecclesiastici* de Ranaldi, la simple reproduction de cette édition. Par conséquent Rodenberg, même après que Léon XIII eut ouvert les Archives vaticanes, n'a pas copié ces pièces dans le registre, mais s'est contenté de faire collationner les textes de Ranaldi par l'archéologue Auguste Mau avec le registre [86a]. Or, pour la sentence de Lyon, il aurait été difficile de trouver un texte plus déformé que celui de Ranaldi (Rm), et en outre Rodenberg ne s'est pas aperçu que Rm n'est qu'une reimpression peu modifiée de Mp; car après avoir constaté que Rm *non Regesta exscripsit, sed formam epistolae proposuit simillimam ei quam Binius... imprimi fecerat,* il a seulement ajouté que cette forme était interpolée *in eum modum quem in summis dictaminis saepius reperimus;* il n'a donc pas vu que Binius[1] ne fait que copier Parker et que Parker lui-même (ou son copiste) a tout bonnement inventé les interpolations de Mp. — Ainsi le choix de Rm, forme secondaire d'un modèle faussé, aurait dû s'interdire pour cette double raison. Et, qui pis est, le lecteur non prévenu de l'*ed. Rodenb.* n'y prend pas garde, vu que l'apparat des variantes ne contient qu'une fraction infime des « leçons » de Rm : on ne trouve dans l'apparat de Rodenberg pas une des vingt-trois variantes du début notées plus haut p. 45 s., à l'exception d'une indication, et celle-là fausse, concernant A7 *discernere merita* : « *merita deest A.1 (i. e. Matth. orig.) Rayn.* » (l'interpolation

---

[86a] Voir Harry Bresslau, *Geschichte der Monumenta Germaniae historica* (= *Neues Archiv* 42), Hannover 1921 p. 599 s.

facta et dicta dans Rayn. [Rm] est donc supprimée). Par contre Rodenberg prend dans Rm deux variantes qui concordent avec l'*ed. Rom.*[87], et un examen attentif de l'apparat en général nous enseigne que Rodenberg ne mentionne les leçons de Rm que pour des endroits qui font également l'objet de variantes dans d'autres textes, ce qui bien entendu ne peut que donner une idée absolument fausse de Rm.

Et avec cela, l'*ed. Rodenb.* ne nous donne même pas une image fidèle de R, vu que la collation avec Rm n'a pas été faite avec assez de soin; nous en avons donné deux exemples plus haut p. 51 à propos de Mathieu Paris, éd. Lieberm. p. 262, 26 et p. 263, 20.

Comme second représentant du texte de la sentence, Rodenberg introduit le Bullaire de Cherubini (faussement nommé par lui *Magnum bullarium*) dont il emploie la troisième impression (1638) et qu'il qualifie d'*editio*, sans se rendre compte, de même que pour Rm, qu'il ne s'agit que d'une réimpression, dont la source est cette fois - par l'intermédiaire du Bullaire de Chérubini éd. 1617 — l'*editio Romana*. Quant à l'*ed. Rom.* elle-même, l'ancêtre de tout un groupe de traditions, elle est restée totalement inconnue de Rodenberg. Par contre il émet la supposition que le Bullaire de 1638 a établi son texte en collationnant le texte interpolé avec le registre; il lui impute donc la méthode dont il s'est servi lui même: *eandem formam amplificatam* (que Rm) *cum Regestis collatam, sed minus diligenter Cherubinus... praebere videtur.* Et ce qui est plus regrettable, c'est que son apparat de notes, déformé par des suppressions, pourrait en effet éveiller cette impression fausse chez le lecteur.

Son ignorance totale de Mp et de l'*ed. Rom.* a pour conséquence nécessaire l'inexactitude de l'observation de Rodenberg d'après laquelle les impressions ultérieures (*ed. Regia,* Labbe, Hardouin, Mansi, Dumont, Lünig) concorderaient avec Cherubini *nonnullis levibus variantibus exceptis.* Car c'est par l'entremise de Binius[2], et non de Cherubini, que les collections conciliaires et Lünig déscendent de l'*ed. Rom.;* et Dumont est une copie de Mp (voir p. 44 s., 46).

Comme textes dérivant d'originaux Rodenberg utilise Mathieu

---

[87] Ed. Rom. 70, 1B6 *restituere ac reducere;* D2 *hoc* (voir plus haut p. 42, tab. a, b).

(éd. Luard), les *Annal. Placent.* (éd. Pertz) et Bzovius qu'il qualifie tous les trois exactement, mais dont il n'indique que très incomplètement les variantes. C'est ainsi qu'il omet par exemple toutes les leçons de Bzovius au début (notées plus haut n. 78), sauf l'une *Mutinensium episcopum* qu'il rend incomplètement par *episcopum;* dans Mathieu nous mentionnons entre autres omissions Rod. p. 88, 33 *dira*] *diu;* p. 89,2 *actorem*] *auctorem*, et ainsi de suite. — L'*editio princeps* de la sentence par Schard, qui fait partie de ce groupe, a échappé à Rodenberg, et quant à la tradition décrétale il ne la mentionne même pas.

23. Les Monumenta Germaniae n'ont pas imprimé moins de quatre fois la sentence de Lyon : dans le texte des *Annales Placentini* (Pertz), de Mathieu Paris (Liebermann), du registre (Rodenberg) et de l'original vatican Oa (Weiland). Malgré toute cette dépense de travail il faut constater qu'une édition vraiment satisfaisante continue à faire défaut, et que surtout les deux tentatives de donner une édition critique ont échoué : l'édition de Rodenberg pour les raisons que nous venons d'indiquer, et celle de Liebermann pour une raison analogue : le mauvais choix de son apparat.

Nous retraçons ci-après l'histoire du texte de la sentence sous forme d'un stemma, et nous serions heureux que nos recherches puissent servir à la préparation d'une future édition definitive.

STEMMA

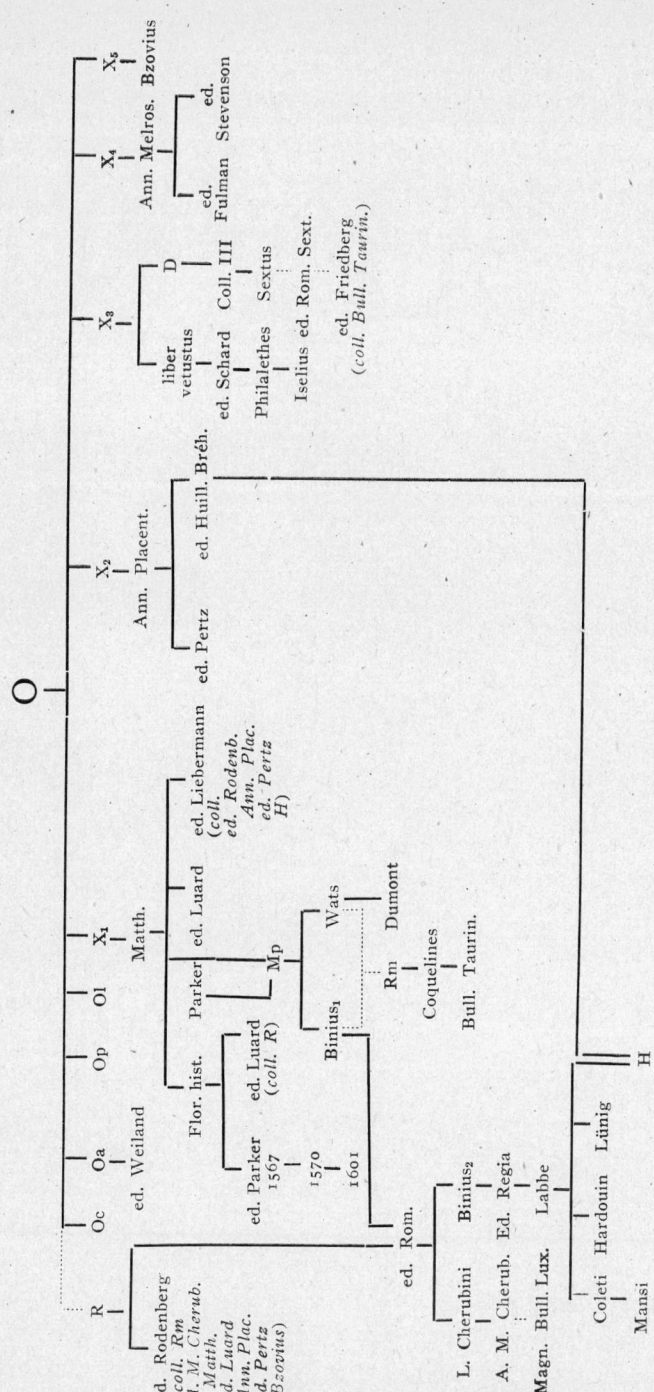

Nous avons renoncé ici à préciser davantage le rapport entre R et O. On sait qu'au 13ᵉ siècle les transcriptions de *Litterae curiales* dans le registre ont été fréquemment effectuées non pas d'après l'original, mais d'après la minute [88], et de toute façon l'expédition vaticane Oa n'a pas servi de modèle à R. En effet il faut que la lacune de R (voir plus haut p. 42 tab. b) qui va de *capi fecit* jusqu'à *cardinali fecerat* (*Mon. Germ. Const.* II p. 510, 47 - 511, 1) corresponde dans le modèle à une disposition des lignes qui ait pu donner lieu à pareil saut. Or tel n'est pas le cas pour Oa: le passage en question n'y occupe pas une ligne du comencement jusqu'à la fin; on n'y trouve pas non plus, dans deux lignes successives, le premier mot de ce passage juste au dessus du dernier.

---

[88] Voir HARRY BRESLAU, *Handbuch der Urkundenlehre* I₂, Leipzig 1912 p. 117. C'est là un point que l'on peut considérer plus ou moins comme acquis (voir aussi, pour Innocent III, R. VON HECKEL, *Untersuchungen zu den Registern Innozenz' III.* dans l'*Historisches Jahrbuch der Görres-Gesellschaft* 40, 1920 p. 42); quelle que soit la valeur de l'hypothèse de H. ZATSCHEK (*Studien zur mittelalterlichen Urkundenlehre,* Brunn-Prague-Leipzig 1929 p. 37-100), d'après qui les minutes auraient servi régulièrement de modèle pour la transcription de toutes les lettres dans les registres pontificaux. Voir contre Zatschek entre autres W. HOLTZMANN, dans la *Deutsche Literaturzeitung* 1930 col. 1714 s.

Les Institutiones factae in Concilio generali apud Lugdunum
(Ed. Rom. IV p. 73-78)

24. C'est par ces *Institutiones* que se terminent dans l'*ed. Rom.* les documents conciliaires, et les éditeurs ont par cette pièce — une *editio princeps* — notablement servi à faire mieux connaître l'oeuvre législative de Lyon. Encore dans la résolution prise en 1595 par la congrégation (voir plus haut p. 17) et dans le projet de l'*Historia* du P. Odoard (voir plus haut p. 18) deux seulement des décrets du concile de Lyon réunis dans le *Liber Sextus* sont désignés comme étant sûrement d'origine conciliaire, à savoir la sentence de déposition *Ad Apostolicae* (II, 14, 2) et la constitution *Pro humani* (V, 4, 1) concernant les Assassins; quant aux autres, *fortasse aliquam dubitationem habent* (Odoard). Ce scrupule s'explique par le fait que pour ces deux chapitres l'origine conciliaire était démontrée non seulement par les inscriptions du Sexte — inscriptions plus ou moins dignes de confiance et variant selon les mss. —, mais par le texte lui-même [89]; et les éditeurs ne voulaient pas, comme certains de ceux qui les ont précédés ou suivis, risquer des hypothèses au sujet des autres constitutions de Lyon. Ce n'est qu'après 1595, lorsque les *Institutiones* furent découvertes dans le registre vatican d'Innocent IV, que les éditeurs se trouvèrent sur un terrain solide.

Nous savons aujourd'hui que les dix-sept *Institutiones facte in concilio generali apud Lugdunum* placées dans le registre à la fin des *Litterae curiales* de la deuxième année (* *Reg. vat.* 21 fol. 210-212ᵛ, Berger n. 1368) ne représentent pas la forme définitive des constitutions du concile; cette forme définitive ne leur a été donnée que le 25 août 1245 par la publication d'une collection officielle de vingt-deux constitutions, dont douze seulement font partie des dix-sept *Institutiones*. Les dix autres constitutions ne

---

[89] Pour *Sext.* V, 4, 1 cela résulte du début du dispositif ... *sacri approbatione concilii statuimus* ...

se trouvent pas dans le registre, et d'autre part cinq des *Institutiones* (*Reg. n.* 13-17) n'ont pas été publiées dans la collection officielle, parce qu'elles ne contenaient pas des normes générales de droit, mais des résolutions d'ordre administratif et pratique sur des questions d'actualité. Il n'en demeure pas moins que les dix-sept *Institutiones* ont leur valeur historique : elles contiennent de toute façon un matériel conciliaire authentique, et elles nous permettent en même temps de jeter un regard sur les travaux préparatoires de la publication officielle, vu qu'il est plus que probable que les n°s 1-12 du registre représentent un projet de rédaction pour une partie de la collection définitive [90].

Cette fois les *Editores Romani* ont reproduit leur texte, sans consulter des sources secondaires, exclusivement d'après le registre ; les rubriques elles aussi sont authentiques. Ils n'ont fait qu'y ajouter en marge quelques notes critiques. Au cours des réimpressions (Binius$_2$ III 2 p. 723-726, *ed Regia* XXVIII p. 432-452, Labbe XI 1 col. 645-658, Hardouin VII col. 386-395, Coleti XIV col. 52-64, Mansi XXIII col. 619-632) ce texte n'a subi que des modifications insignifiantes : l'*ed. Regia* a retiré du texte les dix-sept rubriques des chapitres et les a placées en tête de sa publication (p. 432) comme liste des *tituli capitulorum,* Labbe a replacé les rubriques devant les chapitres, mais a gardé aussi (col. 645) la liste de l'*ed. Regia;* il a entrepris en outre d'indiquer dans des notes marginales sous quels titres du *Liber Sextus* devraient être cherchées les constitutions qu'il contient. Mais pour une raison que nous ignorons, ces indications ne vont pas au delà du chap. 5. Ni Hardouin ni Coleti ni Mansi, en copiant textuellement l'édition de Labbe, n'ont réparé cette omission.

25. Parmi les historiens de notre temps je ne trouve que F. VERNET qui, dans son article *Lyon* du *Dictionnaire de Théologie catholique* IX, 1926 col. 1366, ait mentionné que nous sommes redevables aux éditeurs romains de l'*editio princeps* des dix-sept *Institutiones*. La plupart des auteurs, du moment qu'ils trouvent les canons dans les collections conciliaires, ne se préoccupent pas d'en rechercher l'origine : tel est par exemple le cas de POTTHAST II p. 996, et même de W. E. LUNT dans son article sur les sources

---

[90] Voir pour plus de détails notre article cité plus haut n. 1.

du concile de Lyon[91]. Bien que l'*Historia* des éditeurs romains, qui a passé dans toutes les collections conciliaires, déclare à la fin en toutes lettres que les canons *maiori ex parte in manuscripto Innocentij Regesto continentur et in hanc Generalium Conciliorum editionem conijciuntur,* il semble qu'à part Berger, l'éditeur du registre[92], et Vernet (*loc cit.*), seul MARTIN (*Conciles et Bullaire du diocèse de Lyon* n. 1079) se soit avisé de cette constatation; et c'est ainsi qu'il a pu arriver à Hefele dans son Histoire des conciles[93] de prendre les *Institutiones* pour une partie de la *Brevis nota*.

L'histoire ultérieure du dernier texte dont nous nous sommes occupé sert donc à nous confirmer dans notre opinion : il est vrai que sur plus d'un point les nouvelles générations d'historiens ont certainement dépassé les travaux des *Editores Romani,* qui se trouvaient dans la dépendance des moyens et des méthodes de leur époque; il n'en reste pas moins qu'on n'a pas suffisamment reconnu l'importance de l'oeuvre qu'ils ont en réalité accomplie.

---

[91] *English Historical Review* 33 (1918) p. 77.
[92] *Les Registres d'Innocent IV,* tom. II p. xcv.
[93] HEFELE-KNÖPFLER V, 1886 p. 1114, p. 1121; HEFELE-LECLERQ V 2, 1913 p. 1642, p. 1661.